身体棒棒是基础

保持健康

刷刷 著

希望出版社

图书在版编目（CIP）数据

身体棒棒是基础 : 保持健康 / 刷刷著. -- 太原 :
希望出版社, 2025.3. --（女生成长小红书）.
ISBN 978-7-5379-9342-5

Ⅰ . G479-49

中国国家版本馆CIP数据核字第2025XV2745号

SHENTI BANGBANG SHI JICHU BAOCHI JIANKANG

身体棒棒是基础 **保持健康**

刷 刷 著

出 版 人：王 琦		**美术编辑**：安 星	
项目统筹：翟丽莎		**封面绘图**：赵倩倩	
责任编辑：翟丽莎		**装帧设计**：安 星	
复　审：张晓晴		**责任印制**：李 林	
终　审：王 琦			

出版发行：希望出版社
地　址：山西省太原市建设南路21号
开　本：880mm×1230mm　1/32　　**印　张**：5.25
版　次：2025年3月第1版　　**印　次**：2025年3月第1次印刷
印　刷：山西基因包装印刷科技股份有限公司

书　号：ISBN 978-7-5379-9342-5　　**定　价**：29.00元

目录

1 合理运动是健康法宝 ⋯ 01

2 健康达人的饮食计划 ⋯ 15

3 打败失眠 ⋯⋯⋯⋯⋯⋯ 31

4 健康环保式生活 ⋯⋯⋯ 45

5 牙套不再令人发愁 ⋯⋯ 59

6 "车王"和乒乓女生 … 73

7 疯狂的流感 … 87

8 菲菲减肥记 … 101

9 女领唱的烦恼 … 115

10 丑小鸭的健美梦 … 129

11 大自然带给你健康 … 145

1 合理运动是健康法宝

跑步已经成为一项越来越受欢迎的运动。女生们，跑起来吧，快乐和健康将永远与你们相伴！

　　每天清晨，学校的操场上总会出现一个身影——六(1)班的巧巧。她头戴棒球帽，脚穿运动鞋，总是提前一刻钟到校，在操场跑步。

　　"巧巧真是厉害！无论酷暑还是严冬，只要天气允许，她都坚持跑步，对此，我佩服得五体投地！"六(1)班的同学最喜欢议论巧巧了，因为她如此热衷并能长期坚持不懈地跑步，是班里其他人都做不到，甚至想都不敢想的事情。

　　也许是因为风吹日晒，又不注意保养，巧巧的皮肤看起来比班里其他同学黑和粗糙。于是，有同学亲切地叫她黑珍珠。

　　"黑珍珠，一早又跑步啦！"

　　"黑珍珠，今天下毛毛雨还跑步！我真是服了你！"

一开始有三五个同学喊巧巧"黑珍珠"，巧巧没在意，后来，班里的同学干脆直接用"黑珍珠"取代了"巧巧"这个名字。巧巧越来越黑了，可令人想不到的是，虽然她皮肤黝黑，却是学校里最有魅力的女生。为什么呢？也许是因为学校里肥胖的女生越来越多，而巧巧保持着苗条的身材；也许是因为学校里驼背的女生越来越多，而巧巧始终昂首挺胸；也许是因为学校里戴眼镜的女生越来越多，而巧巧的视力始终很好……

　　"黑珍珠，你为什么那么喜欢跑步啊？"

　　因为坚持跑步，巧巧成了学校的新闻人物，校园小记者找到她，想挖出她喜欢跑步的秘密。

　　"因为跑步让我越来越健康！"

　　"跑步有这么大作用？"前来采访的小记者惊呆了。

　　"没错！"

关于巧巧爱上跑步，还真的有一段故事呢！

巧巧实际上并不是天生的皮肤黑。在上幼儿园的时候，巧巧长得白白嫩嫩的，十分讨人喜欢。可是她有个坏毛病——不爱吃饭，让爸爸妈妈伤透了脑筋。妈妈绞尽脑汁给她做各种好吃的，巧巧依然吃不了多少。看着与巧巧同龄的小朋友长个子、增体重，爸爸很着急。

"这样下去怎么行？"于是，每到吃饭时间，爸爸就会要求巧巧多吃，甚至动手像"填鸭子"一般硬生生地把食物塞进巧巧的嘴里。这么做让巧巧多吃饭了吗？不！巧巧不但没多吃饭，反而被爸爸逼得看见食物就哇哇大哭。

上小学一年级后，巧巧是班里出了名的"豆芽菜"。因为她长得瘦小，还不爱运动，所以经常生病。某个星期天，爸爸拉着巧巧的手说："巧巧，今天和爸爸去买菜，好不好？"

"不去！"巧巧摇摇头，抓起画笔，"我宁可在家画画！"

"走吧，很快就回来了，你也该出去呼吸点新鲜空气了，老待在家里有什么意思呀！"爸爸连拉带拽地把巧巧拖出了家门。

"哎哟，马路上都是车，到处灰蒙蒙的，我真不喜欢出门！"巧巧苦着脸，一路抱怨。

"这……"爸爸想了想说，"我们先去超市吧！我给你买好吃的东西！"

"好吧！"巧巧勉强点点头。

超市在十字路口处。因为降温，这一天的风很大，路上的行人匆匆忙忙地走着，恨不得立刻回到温暖的家中，巧巧缩着脖子对爸爸说："今天实在太冷了！"

爸爸拍拍自己的胸脯，看着巧巧说："瞧，爸爸多健壮，根本不怕冷！"

"可是我好冷！"巧巧冻得直哆嗦。虽然她穿得并不少，但是从超市回到家后，她便开始不停地打喷嚏、流鼻涕，第二天居然病倒了。

"唉……"看着病床上的巧巧，爸爸差点哭了，"被风一吹就病倒，你的身体素质这么差，以后怎么好好学习？"爸爸的眉毛拧在一起："巧巧，你……"

"不好，"不等爸爸说完，妈妈举着温度计对爸爸说，"孩子发高烧了，我们要马上送她去医院！"妈妈急得脸色煞白，和爸爸手忙脚乱地抱着巧巧出了家门。

到了医院，医生检查后决定给巧巧打点滴，连续打了三天，巧巧的高烧才退去。

"你们的孩子体质很差，身体非常虚弱！"医生提醒巧巧的爸爸妈妈，"她还贫血呢！是不是平时不注意饮食？我建议你们，让她多吃一些有营养的食物，同时加强锻炼！再这么下去，她不但会经常生病，甚至还可能会影响身体的正常发育！"

医生的话仿佛警钟，巧巧吓得目瞪口呆："我……我不爱吃饭，不爱运动，我……"

"这些毛病都得改！"医生严肃地说。

出了医院的大门，爸爸妈妈迅速为巧巧制订了健身计划——每天早上，爸爸带着巧巧进行晨跑。就这样，身体痊愈后，巧巧跟着爸爸开始晨跑了。

第一天跑步，巧巧裹得像粽子一样出了门，羽绒服、围巾、口罩，一样不少。到了体育场，巧巧才跑出十几米，便累得气喘吁吁，又跑了一会儿，她便赖在原地，死活不肯再跑了。

"加油，我们必须跑完三圈才能回去。"爸爸在巧巧身边为她加油。

"不行，我要累死了，真的不行了！"巧巧哀求着说。

"坚持就是胜利，如果不想再回到医院去，就坚持把这三圈跑完。"爸爸的回答斩钉截铁，没有一点商量的余地。

这一天，巧巧在爸爸的连拖带拽下勉强跑满三圈。

第二天，巧巧苦苦哀求，不肯去跑步，可是爸爸毫不动摇，直接把她拎出家门。

第三天，巧巧大哭大闹，可是爸爸又一次无情地将她拉出家门。

第四天、第五天、一个星期、两个星期……三个月下来，巧巧体会到了晨跑的好处。

她的食欲大增，抵抗力增强了，精神状态也变好了……最最令人惊奇的是，因为坚持晨跑，原本体育成绩很糟糕的巧巧，居然在运动会上夺得了长跑冠军。巧巧爱上了跑

步。即使爸爸不陪伴，她也会穿上运动服，换上运动鞋，一早出门在小区内跑步。

"跑步真是一种享受！如果一天不跑，我就会浑身难受。你们知道吗？在操场上一边跑步，一边听音乐，很惬意呢！"巧巧说到这儿，朝围观的同学笑笑，"大家想不想和我一起跑步？"

"想！"大家纷纷点头，"想不到你坚持跑步的背后还藏着这样的故事！"一周后，学校的《晨光小报》上登了一篇巧巧的专访，标题旁边还有一张小黑戴着耳机和帽子跑步的照片呢！这张照片迅速风靡全校，渐渐地，晨跑的时候，巧巧身边多了几个跑步的女生。不久，又有男生加入进来。现在再来看看清晨操场上的独特风景吧，一大群人都在和巧巧一起跑步呢。哈哈，也许这就是运动的魅力！其实，变黑些没什么，能拥有健康和快乐才更重要。

刷刷姐姐
有话说

女生跑步好处多多

　　看看马拉松大赛上那些充满激情的跑步爱好者吧，不管是老人还是小孩，个个身上都散发着健康和快乐的气息。有那么多人喜欢跑步，跑步到底有哪些好处呢？刷刷姐姐为女生们总结了一下，原来跑步的好处真不少呢！

1. 跑步是一种全身运动，它能使全身的肌肉有节律地收缩和舒张，使肌纤维变粗。肌肉为骨骼提供支撑和保护，是健康的基础。

2. 骨骼是身体的支架，人体活动的杠杆。对于处在生长发育期的女生们来说，坚持跑步能改善血液循环，增加骨细胞所需营养物质的供应，从而促进骨骼的正常发育。

3. 心脏是全身血液供应的总枢纽，是生命的动力源泉。长期坚持跑步，会使心肌强健有力。在 X 射线透视下可以清楚地看到，运动员的心脏比一般人大，外形饱满，搏动有力。坚持跑步的人心脏血容量比一般人大，心跳可比一般人减慢一些，这样心脏的工作负担就减轻了。同时跑步能增强心脏的耐受力，一般人心动过速时，就会感到头昏、心慌、气喘等，而长期坚持跑步的人，心脏的耐受力要强很多。

4. 人的生命活动一刻也离不开氧气，衡量呼吸器官是否健康的重要标志是肺活量的多少。跑步能使呼吸肌发达，肺活量增加。经过训练的运动员的吸氧量比常人高。

5. 跑步可以使胃肠蠕动力增强，消化液分泌增多，提

高人体的消化和吸收能力，从而增加食欲，补充营养，增强体质。

6.对女生来说，跑步有助于调节月经周期，减少妇科疾病。跑步可以加强人体新陈代谢，促进消化和吸收，调节神经系统功能，改善内分泌系统。

7.跑步还能磨炼人的意志和毅力，增强人的韧性和耐心，提高肢体的灵敏度，增强人对环境的适应能力。长期坚持跑步的人，在完成工作时有三大特点：一是行动快；二是潜力大，能发挥出最大的潜力去完成任务；三是恢复快，疲劳消除得快，也很彻底。

既然跑步有这么多好处，女生们还在犹豫什么呢？快行动起来吧！

女生小攻略

跑步的注意事项

　　跑步需要注意一些事项，否则，不但不能达到锻炼的目的，还会对身体造成伤害。下面的注意事项，一定要记牢！

　　早上不要一睁眼就去跑步。刚起床的时候，身体由卧式转为立式，血压会升高，身体的适应需要一段时间，等身体完全适应之后，才适合去做跑步运动。

　　1.早上空气清新，利于跑步，但不要跑得过快。迎着和暖的阳光有节奏地慢跑，能让人精神愉悦。

2. 在开始跑步前，先喝一杯温水，可以补充在跑步过程中身体消耗的水分。

3. 跑步时穿多少衣服是有讲究的，要根据季节和气温变化适量增减。

4. 跑步前要做准备活动，刚开始的两百米用慢速跑，然后逐渐提速，把速度保持在中速，记得把跑步当作一种享受，而不是折磨、受难。

5. 跑完之后，继续慢跑一分钟，让身体逐渐恢复到平静的状态。

6. 跑完后一定要注意保暖，因为身体消耗了大量的热量，很容易感冒。不要马上洗澡，那样会消耗掉更多的热量。

2 健康达人的饮食计划

青春期女生的脾、胃、肝脏等器官，还处于生长发育阶段，重口味的零食会损伤这些器官。习惯性地吃零食，对身体的伤害很大。

"丫丫，快过来吃饭啦！"

妈妈催了好几次，丫丫都没有反应，她磨蹭着不肯走出房间。

"快点啊，饭菜都要凉了。"

过了好一会儿，丫丫总算来到餐桌旁。一看桌上的饭菜，丫丫瞪大了眼睛说："又是芹菜！您知道我最讨厌吃芹菜，一股药味。哎呀，怎么没有肉啊？全是素菜，我不吃了！"

丫丫把刚拿起来的筷子丢在桌上，接着，她站起来从冰箱里拿出一块巧克力蛋糕吃起来。

妈妈无奈地摇摇头，这样下去可怎么办啊？

一个星期后，在外出差的爸

爸回来了。看到丫丫吃饭前的痛苦模样，爸爸严厉地说："从明天开始，不再给零花钱，不准你在外面买零食，除了一日三餐，你不许吃任何东西。"

"什么？不给我零花钱，那怎么行？我拿什么充公交卡？学校要交钱怎么办？还有，我买私人用品也需要钱啊！"听爸爸说要对她实行"经济制裁"，丫丫赶紧给自己找用钱的理由。

"这些都好办，充公交卡和买私人用品让妈妈陪你去，学校交钱，老师会给我们发通知，你不必担心。总之，你必须改掉挑食的毛病！"

丫丫无话可说了。

爸爸说到做到，但是丫丫自有她的妙招——每隔几天，她就乘公交车去外公外婆家，一会儿说自己饿，一会儿说要买文具，用各种借口从外公外婆那里要零花钱。

外公外婆疼爱丫丫，对她有求必应。爸爸本以为自己实施的"经济制裁"能让丫丫改掉挑食的毛病，谁知她在外公外婆家绕一圈，就得到了更多的零花钱。

无奈的爸爸只好给外公外婆打招呼，但是两位老人满口答应后，面对丫丫的哀求又忍不住偷偷塞钱给她。

一段时间后，爸爸又要到外地进修，对丫丫的"经济制裁"计划草草结束。

丫丫又开始畅游零食世界了，巧克力、蛋糕、饼干、蛋卷、薯片……各种零食应有尽有。嘎巴嘎巴地边吃薯片边喝饮料，就是丫丫最幸福的生活。

丫丫逍遥地过了一个多月，爸爸从外地回来了。

在放学回家的路上，丫丫忐忑不安地想：这次爸爸还会对自己实行"经济制裁"吗？进了家门，爸爸笑眯眯地拉着丫丫问长问短，似乎把"经济制裁"的事忘了个一干二净。

餐桌边，爸爸滔滔不绝地讲他进修的见闻，当然，还有有趣的体育竞技比赛和浪漫的登山运动。

丫丫听得入了迷，问："爸爸，什么时候您能带我去登山？我好想去啊！"

"嘿嘿，"爸爸微笑着说，"我和朋友们周末登上进修地附近的一座山后，感觉棒极了。站在山巅，看着眼前纯净、美丽的世界，我们不禁赞叹大自然的伟大！"

"讨厌的爸爸，您越说，我越急啦！"丫丫恨不得立刻去登山，但是，她只能无奈地说，"哎，这

事恐怕只能等到假期了。"

"不着急，爸爸先带你认识一位阿姨，她可是登山高手呢，每年要登好几次山，她还攀登过喜马拉雅山呢。"爸爸说。

"什么，女登山员？"丫丫又惊又喜，"她住哪儿？我什么时候可以见到她？我要听她讲登山的故事，一定很精彩！"

"我和她约好时间，就带你去见见她！"

几天后，爸爸带丫丫见了那位女登山员。她的名字叫西米，三十多岁，是爸爸在进修时认识的。

这次见面很愉快，西米阿姨不但给丫丫讲了自己登山的故事，而且提出下个周末要带丫丫去郊区爬山、野餐呢。

约定的日子一眨眼就到了。临行前，丫丫准备了一大包零食。外出登山，没有吃的可怎么行呢？

当西米阿姨带着丫丫爬到半山腰的时候，丫丫累得气喘吁吁，她可怜兮兮地看着西米阿姨。

"休息一下吧！"西米阿姨终于发话了。

丫丫立即打开背包，掏出一堆零食。

"丫丫，你带这些干什么？"西米阿姨惊讶地问。

"好吃的东西呀！给您也吃一些。"丫丫递给西米阿姨一包薯片。

"这些东西是不能多吃的，尤其是像你这种处在发育期的女生。你知道吗？零食吃多了会损害身体健康。"西米阿姨说。

"损害健康？怎么会呢？您是在吓唬我吧？我和周围的同学都吃零食，如果损害健康，为什么超市会卖零食呢？"丫丫没想到，西米阿姨对零食这么反感，她忍不住摆出理由试图说服西米阿姨。

"你知道吗？零食中含有高热量成分，人吃了以后会有饱胀感，吃饭的时候就没有胃口了。另外，

零食中有添加剂，会影响身体健康。丫丫，对一个登山爱好者来说，健康是第一位的，所以，吃的东西一定要科学搭配，要既有营养又环保。"

"营养？环保？"丫丫愣住了，吃的东西还要营养和环保结合？

见丫丫一脸迷茫，西米阿姨从包里拿出新鲜的水果和自制的手工饼干："来，尝尝我带的食物！"

丫丫接过饼干吃了几口后，脸上露出满足的表情。

"是不是比你那些东西好吃多了？"

"嗯，"丫丫点点头，"西米阿姨，您做的手工饼干真好吃。"

登山回来后，丫丫收到西米阿姨发来的一封邮件——一份健康食品营养表。

丫丫打开邮件读起来，里面介绍了很多蔬菜和水果的营养价值，西米阿姨还特意针对丫丫的身体状况，给她推荐了很多必须吃的食品，其中就包括芹菜。

"妈妈，我今天要吃芹菜！"

听丫丫说要吃芹菜，妈妈吓了一跳，正要问她是怎么回事，爸爸微笑着走过来，说："好啊，我也想吃芹菜，不过，要用鸡肉炒哦，猪肉吃多了不好。还有，要多吃鱼和虾。丫丫，我说的对吗？"

"爸爸，您也知道白肉和红肉吗？"丫丫问道。

"哈哈！"爸爸大笑，"鱼肉、鸡肉这些属于白肉，猪肉是红肉，吃东西要合理搭配才更营养、更健康，对不对？"

"对！爸爸的回答一百分！"

爸爸得意地冲妈妈竖起大拇指："丫丫妈妈，以后我们家要实行健康饮食制，丫丫现在算半个营

饱胀
雀跃
膳食总管

养专家，你买菜的时候，可要听听她的意见哦！"

"听我的意见？哈哈……"丫丫听到这里一阵雀跃，她兴奋地说，"以后我就是家里的膳食总管！对了，我得把西米阿姨给我的材料打印一份，送给外公外婆，让他们也实行健康饮食制！"

丫丫的饮食变得健康、科学的同时，她没有忘记班里的同学们。接下来的主题班会课上，丫丫讲了"学生健康饮食管理"，很多同学都跟着丫丫学"怎么吃"呢！

刷刷姐姐
有话说

可怕的零食

　　青春期女生的脾、胃、肝脏等器官，还处于生长发育阶段，重口味的零食会损伤这些器官，而且一旦喜欢上吃零食，吃饭时就会没有食欲，不利于营养的摄入。习惯性地吃零食，对身体的危害可是很大的。

　　很多零食，尤其是一些海产品做成的干货，比如鱿鱼丝等，都是腌制后经晾干而制成的，含盐量很高。平时的正餐就可以满足人体每日的盐摄入量，额外吃这些零食，人就需要喝很多水来缓解口渴，无形中会加重肾脏的负担，严重的还会导致浮肿。

　　另外，含盐量高的零食会伤害娇嫩的胃黏膜，使口腔唾液分泌减少，导致细菌和病毒乘虚而入，引发胃病、上呼吸道疾病。

零食中酸、甜、咸等味道的强烈刺激，会让味觉变得迟钝，以致正常的饮食根本不足以引起食欲。长期食欲不好，会影响女生的生长发育。

零食虽然味道鲜美，营养成分却很单一，长期食用会导致营养不良。颜色鲜亮的零食常含有大量的色素，有的还进行了熏蒸，甚至抛光，吃这样的零食十分影响身体健康。

零食中的添加剂等物质，会导致脸上长痘长斑，严重的还可能会致癌。零食中含的糖分较多，过量食用会导致肥胖。

经常吃零食，牙齿缝里会塞满食物残渣，容易导致龋齿，还会使肠胃不断分泌消化液，易患上慢性胃炎、胃溃疡等疾病。

看到了吧，零食的危害可不小呢，还是尽早远离它们吧！刷刷姐姐教大家一些小妙招，相信大家一定能少吃零食。

1. 早饭要吃好，上学不带零食。

2. 午饭要吃饱，想吃零食时可以喝水或吃水果。

3. 晚饭要清淡，吃过晚饭后，可以看报、看书等。

总之三餐要吃好，让手不空着、大脑不闲着，这样就想不起吃零食了。另外，可以给自己做个账本，看看一个月会节省下多少买零食的钱，也许会让你大吃一惊。

女生小攻略

部分零食名单

1. 果冻

吃果冻不仅不能补充营养，还会妨碍某些营养素的吸收。果冻中含有不能被人体吸收的物质，基本不含果汁，其香味则来自人工香精。

2. 薯片

薯片的营养价值很低，含有大量脂肪和热量，多吃会影响食欲，容易导致肥胖。薯片还是皮肤健康的大敌。

3. 爆米花

含有一定量的铅，这种有害重金属会影响智力和体格发育等等。

4. 水果糖

和水果没有任何关系，其水果味来自香精等添加剂，多吃容易导致龋齿和肥胖等。

5. 果脯和蜜饯

这些食品在加工过程中导致水果所含的维生素基本被破坏，而且含有大量热量。另外，有些果脯、蜜饯中还含有防腐剂，经常食用会影响健康。

6. 豆腐干

含盐量很高，长期食用会诱发高血压等。

7. 方便面

脂肪含量很高，营养价值比较低，多吃不利于身体健康。

8. 饼干

属于高脂肪、高热量食品，维生素和矿物质含量比较少，多吃容易导致肥胖等。

9. 泡泡糖和口香糖

营养价值几乎为零，一些产品还含有大量防腐剂、人工甜味剂等，特别是一些质量低劣的产品，对健康的损害很大。

10. 其他膨化小食品

含有大量色素、防腐剂、人工甜味剂等食品添加剂，多吃不利于健康。

3

打败失眠

恐惧不能帮助你入睡，它们只会像搅拌棒一样，搅得你无法入眠。你越平静，就越容易入眠。

"一只羊，两只羊，三只羊……"阿杉十点多钟就上床了，可是，翻来覆去就是睡不着，好吧，开始数羊。哎呀，怎么数着数着，眼前就突然出现刚看过的一部小说中的情节了呢？

结果，阿杉就一直在小说的情节中挣扎着，看一看表，都已经过了十二点，可还是睡不着。

"阿杉，起床了……"早上被妈妈叫醒以后，阿杉揉着眼睛出了卧室。

"你怎么变成'熊猫'了，眼圈这么黑？"妈妈问道。

"哎呀，别提了，我失眠了，昨天晚上到两点多才睡着。"阿杉边叹气边说。

"你不好好睡觉，胡思乱想什么呢？"妈妈问道。

"我怎么睡都睡不着嘛。"阿杉心里好委屈。

"好啦，赶紧吃完饭去上学吧，今天我给你买点酸枣仁，睡前再喝杯热牛奶，保证你睡得很安稳。妈妈怀你的时候就总失眠，后来就是用这个办法治好的。"

阿杉听后信心满满地去上学了。

晚上，阿杉吃了妈妈买来的酸枣仁，泡了脚，喝了杯热牛奶就早早地上床了。今天什么都不想！睡觉前，阿杉已经下定决心。

可是，不到五分钟，小说中的情节再次出现在她的大脑中，她设想了小说中很多人物的结局。

想着想着，时针再次走过了十二点。

糟糕，又失眠了。阿杉觉得自己好失败啊，她使劲地闭上眼睛想入睡，可是，越使劲就越

睡不着，大脑反而越兴奋。阿杉干脆爬起来做仰卧起坐，她想，把自己搞得累累的，一定就能很快入睡了。

折腾到半夜，阿杉总算迷迷糊糊地睡着了。

酸枣仁连续吃了一周，阿杉的失眠却一点都没有好转，更糟糕的是，因为晚上休息不好，一到上课的时候，她就打瞌睡，老师讲的什么内容，清醒以后全忘了。

"妈妈，您的办法没有用，我还是睡不着。"阿杉一边洗脸，一边发牢骚。

"呀！"突然，阿杉一声尖叫，"我长了好多痘痘，真难看。"

"你每天都失眠，自然会长痘痘啊。"妈妈焦虑地说。

"怎么办啊？要是再睡不着，我就要疯了。"

"别着急，你先去上学，别迟到了，妈妈再想想办法。"

放学回家后，阿杉一进门，就看见妈妈微笑着叫她过去。

妈妈的心情看来不错，一定是找到对付失眠的办法了。

妈妈拿出一个白色的音乐播放器，说："我为你下载了很多舒缓的音乐，听说心理咨询师催眠的时候用的就是这样的音乐，你试试吧，都说效果很好。"阿杉接过音乐播放器，半信半疑地放在了枕头边。

晚上睡觉的时候，阿杉戴上耳机，打开音乐播放器。里面的音乐果然柔和，听起来非常舒服。

可是，阿杉并没有很快睡着，这音乐太迷人了，阿杉被带入了音乐世界。

哎呀，音乐播放器怎么突然没声音了？

阿杉仔细一检查，原来是没电了，再一看表，

又过了十二点。

第二天早上，妈妈看阿杉走出房门，笑着问道："怎么样？效果不错吧？"

"效果？哪有什么效果，我都听得没电了，还是没睡着。"阿杉无奈地说道。

"什么？没效果？"妈妈吃惊地看着阿杉，"看来，你真的需要看医生了。"

妈妈的办法都用完了，周六早上，只好带着阿杉来到医院。

医生让阿杉讲一讲她失眠的情况，然后问道："你晚上睡觉前都做些什么呢？"

"嗯……"阿杉想了想，说，"睡觉前，我都会在床上看一会儿喜欢的小说。"

"小说？可以告诉我是什么小说吗？"医生接着问。

"最近看的是武侠小说。"阿杉回答道。

翻来覆去
失眠
打瞌睡

"那会不会在睡不着的时候想到小说里的情节呢？"医生一下子就发现了阿杉失眠的秘密。

"您怎么知道？我一闭上眼睛，小说里的人物就跑到了脑子里，怎么也赶不走。"阿杉焦急地说。

"睡觉前一定要让自己的心静下来，你看小说太兴奋了，当然就睡不着了，越是想快点睡着就越睡不着，慢慢地就形成了恶性循环。"

"啊，原来是这样。"

"我会给你开一点镇静和放松大脑的药，不过，以后记得睡觉前一定不要看一些让大脑兴奋的小说或电视剧了！"

"好的。"阿杉点点头。

接下来的一周，阿杉入睡得越来越快，不但不

失眠了，早上起床也变得轻松了。更奇妙的是，她脸上的痘痘不见了，脸色也好了很多。

"这些可都是睡觉的功劳呢。"妈妈笑着说，"瞧你，都成了'睡美人'啦！"

"那当然！"阿杉开心地说。

刷刷姐姐
有话说

还女生一个甜蜜的梦乡

失眠是一种睡眠障碍，而且还比较顽固，只要惹上它，想摆脱掉就有些困难。

对于失眠的女生来说，有一个好的心态是很关键的。凡事看开点，不要想那么多，睡前喝一杯热牛奶，听点舒缓的音乐，保持轻松愉悦的心情，对促进睡眠很有效果。睡前少喝水，不要吃刺激性的东西。

卧室环境一定要尽量幽静、舒适，枕头不宜过高，枕头过高会妨碍呼吸。

刷刷姐姐为大家搜集了几种帮助入睡的办法。

1. 调整情绪。

不要恐惧，增强自信，寻求合理、有效的方法战胜失眠。偶尔失眠不是一种严重的疾病，一天或几天少睡几个小时对我们的影响不大。不要想得太严重，以免加重心理负担。

2. 分析原因。

分析自己失眠的原因，是身体不适，还是心情不好，或者学习压力过大。找到了原因，对自己失眠就有较为客观、全面的认识，自然不会过度忧虑与害怕。

3. 自由联想。

闭上眼睛，想象一个自由、放松的场景。比如喜欢森林，那就想象自己在森林中呼吸着新鲜的空气；喜欢大海，就想象自己在海边轻松地散步，迎面吹来的海风非常舒适，这样有助于放松下来，更快地入眠。

4. 不要赖床。

睡不着时，有些人情愿在床上赖着，也不愿意起床，因为他们认为只要在床上躺着，就算没有睡着，也等于休息了。其实这是错误的。在床上躺着时，会觉得时间过得很慢，往往只过去了十分钟，可能觉得好像过去了一个小时。这样一来，就会觉得过了这么久自己还没有睡着，从而产生一系列的不良情绪，更加影响睡眠。不如起床做点其他事情，比如预习明天的课程等，直到自己困了，再躺到床上去。

当然，不是所有人都适合这些方法，大家一定要找到适合自己的应对失眠的方法。如果失眠比较严重，找专业的医生帮忙比较妥当。

女生小攻略

有趣的助眠法

在对抗失眠的过程中，人们尝试了很多助眠的方法，虽然这些方法不一定完全适合你，但是，也许会有助于你改善睡眠质量。

1. 选睡姿

选择合适的睡姿能够令人更舒适，也能令人的内心世界趋于平静。睡眠姿势当以舒适为宜，右侧卧更好。

2. 听音乐

让音乐帮自己入眠，聆听舒缓而有节奏的音乐，例如大提琴奏出来的音乐、火车运行声、蟋蟀叫声、滴水声等，这些声音可以让身心放松，从而帮助入眠。

3. 洗热水澡

临睡前可以洗热水澡，有助于入睡，注意水温不宜过高。

4. 闭目养神

上床之后，闭上双眼，此时，虽然大脑活动仍在进行，但强度已大大降低，这样可放松身心，帮助人体渐渐进入睡眠状态。

健康环保式生活

出门携带环保四小件——手绢、饭盒、环保筷与布袋。没错，这就是健康环保的生活。这种健康生活的方式，完全可以从现在做起。

　　六 (2) 班突然转来一个新同学，她的名字叫小绿。很好听的名字吧？给人一种清新的感觉。她给大家的第一印象是，从来不用塑料袋，总是带着一个小布袋。

　　因为是同桌，所以洋洋有机会仔细观察小绿的一举一动。

　　洋洋很快发现了小绿的秘密，她的书包里竟然找不到一张纸巾。太奇怪了，要是流鼻涕，她难道用袖子擦吗？想到这儿，洋洋不由得想去探究。

　　机会来了，小绿突然打了一个喷嚏。是用袖子，用草稿纸，还是……洋洋在心里暗暗想着，没想到小绿从口袋里掏出一块手绢来，轻轻擦完，又叠好收了回去。现在竟然还有人用手绢！洋洋感到很惊讶。小绿真是个特别的人！

为了发现小绿更多秘密，洋洋做出了一个决定：第二天中午不回家吃饭了，在学校食堂吃。因为她发现小绿每天中午都在学校食堂吃饭，这样，她就有一个很好的机会观察小绿啦。

　　第二天中午一放学，洋洋没有像往常一样飞奔出教室，而是慢慢腾腾地收拾书本。

　　"今天不急着回家吗？"小绿问道。

　　"嗯，今天我想去学校食堂吃午饭。"洋洋回答。

　　"正好我也要去食堂吃饭，我们一起去吧。"

　　听小绿这么说，洋洋偷偷一笑，一切都在按她预想的进行。

　　到了食堂，洋洋帮小绿拿来餐盘，没想到小绿却摆摆手，从自己的背包里拿出一个不锈钢饭盒来。

　　洋洋吃了一惊，竟然还有人自带饭盒！好吧，筷子总需要吧，洋洋就想拿一双筷子给小绿。

　　可洋洋转头一看，小绿已经从饭盒里拿出一双

不锈钢的筷子，一拉，很神奇地就变长了，居然是可以伸缩的。

洋洋已经彻底被打败了，这个小绿，已经到了让她膜拜的地步啦。

吃饭的时候，洋洋终于鼓起勇气，向小绿求证心中的疑惑。

"小绿，你从来不用纸巾吗？"

"对呀，用纸巾既不卫生也不环保，很多纸巾都是漂白过的，看起来很白，其实对身体是有害的。用手绢既环保又卫生。"小绿解释道。

"哦，原来是这样啊，我明白了。那你每次吃饭都自己准备餐具，不麻烦吗？"

"的确有点麻烦，但总比用公共碗筷好。"

"小绿，你怎么会有这么多奇怪的想法呢？你都是从哪里学的呀？"

"嗯，我参加了一个'乐活'社团，我们社团

乐活
沉默
环保

的人都是这样的。"

"'乐活'是什么意思呀？"洋洋还是第一次听到这个词呢。

"我也解释不清楚啦，总之就是简单、快乐、健康地生活吧，你要是感兴趣，我可以带你参加我们社团的活动。"

于是，洋洋成了小绿在学校发展的第一个"乐活"女生。

第二天，洋洋也准备了手绢和饭盒，以及可以伸缩的筷子。

周末的时候，洋洋参加了"乐活"社团的一次活动——徒步郊游。

吃完早饭，大家就出发了。一路上，大家唱着歌、讲着笑话，两个小时就走完了全程。

因为是第一次参加徒步活动，洋洋的脚有些疼，

休息的时候，小绿主动帮洋洋做脚底按摩，完全不在意洋洋酸臭的脚汗味。

看着小绿为自己揉脚，洋洋感动极了。

"你为什么参加这样的社团？"洋洋问道。

小绿竟沉默了，半天都没有说话。

"小绿，你怎么了？"洋洋一看，小绿竟然哭了。

"没什么，只是眼睛里进了沙子。"小绿揉了揉眼睛说，"我给你讲个故事吧。"

"好啊！"洋洋点点头。

小绿说："有一个女生，她爸爸很爱她，经常带着她到农村去挖野菜、采野果，告诉她哪些东西有营养，哪些东西不能吃，教给她好多简单、快乐的生活方式，还亲手给她做每一个玩具，选每一件衣服，做每一顿饭……可是，突然有一天，爸爸住进了医院，这时候女生才知道爸爸生病了。原来，爸爸生活不规律，知道自己的身体出了问题后，他不想让女儿也和自己一样过不健康的生活，就拿出所有的时间，教女儿学会健康地生活。"

虽然小绿没有明说这个女生就是自己，但是洋洋已经明白了一切。

沉默了一会儿，洋洋突然说道："小绿，我们也在学校搞一个'乐活'社团吧，你觉得怎么样？"

"好啊！"听到洋洋的建议，小绿的脸上露出了笑容。

在小绿和洋洋的倡导下，小手绢和小布袋成了六 (2) 班的新时尚，并迅速在全校流行开来。

刷刷姐姐
有话说

健康生活从女生做起

出门携带环保四小件——手绢、饭盒、环保筷与布袋。没错，这就是健康环保的生活习惯。这种既爱地球，又爱自己和家人的健康生活方式，完全可以从女生做起。

1. 全棉衣料，循环使用。

衣料的选择一定要考虑健康因素，首选全棉衣料。和妈妈一起动手制作一些小东西，不仅省钱，而且有利于身体健康。比如坐垫、背包等，都可以用废旧的全棉 T 恤制作。

棉布衣物对女生来说才是最利于

健康的，完全可以和妈妈一起改造旧的棉布衣物，做成别的生活用品。

记得多用手帕、纱巾，少用或者不用纸巾，纸巾大多进行过漂白，有的含有香精，长期使用对人的身体是有害的。

2. 多吃绿色食品。

现在的农产品有些施用了化肥和农药，常吃这样的食物，健康当然就难有保障了。所以，选择蔬菜和水果的时候，一定要留心。

如果有条件就尽量选择绿色有机食品，没有也没关系，在生活中可以注意下面两点：首先，水果和蔬菜一定要清洗干净，尤其是带皮吃的，要仔细地清洗；其次，选择健康的烹饪方式很重要，告诉爸爸妈妈多做蒸煮和凉拌的食物，少做煎、炸的食物。

3. 打造绿色房间。

女生可以学习打造健康的房间。床首选木制的，一定要考虑到使用价值，可以选用可伸缩的，这样利用率高，物尽其用。

　　学会垃圾分类，将废纸、塑料、玻璃、金属和布料五大类垃圾进行回收利用。废纸主要包括报纸、期刊、图书、各种包装纸、学习用纸等。塑料主要包括各种塑料袋、塑料包装物、一次性塑料餐盒、矿泉水瓶等。玻璃主要包括各种玻璃瓶、碎玻璃片、镜子、灯泡等。金属主要包括易拉罐、罐头盒等。布料主要包括废旧衣服、桌布、书包等。

　　做好垃圾分类，打造绿色、健康的生活空间，对女生的身体健康可是十分有益的！

女生小攻略

健康生活的九个生活习惯

平时的学习生活总是既紧张又忙碌，将健康环保的理念融入学习生活中，小小的改变也许就会影响女生的一生。

1. 晨练五分钟

起床后锻炼五分钟，不一定非要去户外跑步，做做俯卧撑或跳跃等运动，也能达到理想的效果，还可以对着镜子运动，感受那种释放能量的快乐。

2. 养成常喝水的习惯

人处于缺水状态时，很容易感觉

到疲惫。清早起来先喝一杯水，做一下"体内清洁"，还能为五脏六腑加些"润滑剂"。

3. 早餐不马虎

不吃早餐的人爱犯困，做事容易无精打采。一杯牛奶、两片面包、一个鸡蛋的简单早餐就能让你充满活力。

4. 注意坐姿

在教室上课一坐就是七八个小时，如果不保持正确的坐姿，就会觉得非常疲劳。正确的坐姿应当是收腹立腰，放松双肩，让脖子有伸展的感觉。

5. 边洗澡边唱歌

洗澡时大声唱歌，可以产生一种快乐与幸福的感觉，减小压力。你越是心情不好，越要唱出来，至于好不好听，

跑没跑调，请不要在意。

6. 锻炼背部

强壮的背部能让你充满活力。锻炼背部最有效的方法是做划桨运动，脚放平，膝盖微屈，双手恰到好处地在胸前摆动。

7. 午睡二十分钟

二十分钟左右的小憩是最理想的，甚至比午睡一个小时的效果还好。一个小时的午睡对大多数人来说有点长，如果睡得太沉，晚上可能还会失眠。

8. 注意补铁

如果体内铁的含量太低，身体制造的血红蛋白就会减少，人就容易累。最简单的补铁办法是注意饮食，可多吃一些含铁丰富的食物，比如动物肝脏、瘦肉、豆类等。

9. 和阳光亲密接触

晒太阳能提高大脑血清素的含量，改善心情，为身体充电。所以课间不要老待在教室里，多出去晒晒太阳。

5 牙套不再令人发愁

对女生来说，除了口腔的健康，她们更关心的是牙齿的美观。牙齿排列不齐、牙位拥挤、错颌等往往是女生比较忧心的问题。

"妈妈，救命啊，我的牙齿好疼！"

晓晗刚吃过饭没多久，就捂着嘴巴叫嚷。

"怎么回事？我看看。"妈妈赶忙从厨房跑出来，用毛巾擦擦手，掰开晓晗的嘴巴看起来。

"呀，牙龈都肿了，这可怎么办呢？"妈妈吓了一跳。

"拿点冰块给她，含在嘴里可以减轻疼痛，明天你带她去看牙医吧！瞧她的牙齿，横七竖八的，刷牙的时候怎么能刷干净……"听爸爸这样说，妈妈赶紧去拿冰块了。

晓晗再也忍受不了了。

"哎呀，妈妈和爸爸的牙齿都挺好，就我的牙齿是这个样子。"晓晗抱怨说。

"这可怪不得我们，你在换牙的时候总是舔牙齿，牙齿才长坏的。后来让你戴牙套，没几天你就不戴了，还好意思说牙齿难看呢。"妈妈说。

牙套！晓晗一听，心里就凉了一截：难道我真的需要那东西帮忙吗？

晓晗害怕戴牙套，因为她已经吃够牙套的苦啦！

第一次戴牙套是在三年级的时候，晓晗刚换完门牙和侧切牙不久，牙齿长得很乱。有一次，班里一个女生和晓晗吵架，那女生说晓晗的牙齿长得像一头蒜，惹得全班同学哄堂大笑。

回到家后，晓晗一放下书包就放声大哭。

第二天，妈妈就带着她去了口腔医院，医生说晓晗的牙齿需要矫正，并给晓晗戴上了金属牙套。

有了牙套，晓晗才逐渐开始恢复了自信心。但是，仅仅过了一周，晓晗就开始叫苦了，说牙套箍得太紧，牙齿疼得要命。

"妈妈，给我摘掉牙套吧，我实在受不了啦！"晓晗嚷嚷着。

"你连这点苦都吃不了，还想牙齿整齐？"

没办法，就继续坚持吧。还有一个让晓晗甘心戴着牙套的原因，那就是她是班里第一个戴牙套的，大家都觉得很好奇，总有同学来"参观"晓晗的牙套，让她觉得很有满足感。

后来，晓晗和那个女生再次发生口角，那个女生说晓晗戴了牙套后，嘴唇翻在外面，像香肠。同学们再一次笑翻了。

晓晗回家一看，因为牙套把嘴唇顶起来了，嘴唇看起来的确厚了好多。这一回，晓晗坚决不戴牙套了，妈妈只好带她到医院取了下来。

所以，当妈妈提起牙套的时候，晓晗感觉就像

一场噩梦。

妈妈看晓晗在发呆，为晓晗递过来一杯水，说："说实话，你的牙齿真的需要矫正，牙齿太乱，不好清洁，时间长了会滋生很多细菌，不疼才怪呢！"

"可是，戴牙套实在是太受罪了啊！"想起牙套，晓晗还是很发愁。

"没关系，我先带你去洗洗牙，再向医生咨询一下。"

第二天在口腔医院洗完牙，妈妈带着晓晗来到正畸科咨询。

医生看完晓晗的牙齿说："你的牙齿必须矫正，不然容易滋生细菌，对口腔的健康很不利呢！"

"能不能不戴牙套啊？"晓晗试探着问。

"当然要戴牙套啊，不戴牙套怎么矫正呢？"医生微笑着说。

晓晗压低声音说道："戴牙套很疼的，而且……

自信
矫正
横七竖八

而且很难看。"

医生一听，耐心解释，说："你可以选择隐形牙套啊，里面没有钢丝，戴起来不那么疼，而且还可以随时取下来，清洁牙齿很方便！"

"真的有这样的牙套吗？"晓晗一听乐开了花。

"当然，我怎么会骗你呢？"

"妈妈，我要戴隐形牙套！"晓晗激动地对妈妈说。

隐形牙套果然神奇，戴起来感觉好很多！

这下晓晗自信多了，以前笑的时候，担心别人看到自己歪七扭八的牙齿，总要捂着嘴，现在好了，她终于可以开口大笑了。

一次，班里有个同学过生日，分完蛋糕晓晗正要往嘴里送，有个女生突然说："晓晗，你可要小心，不能吃蛋糕！"

晓晗愣住了，送到嘴边的蛋糕也没敢吃，问道："为什么我不能吃呢？"

女生笑一笑，说："我听说一个女生戴着牙套吃蛋糕，结果奶油全粘到牙套上了，她想用牙签掏出牙套里的奶油，却不小心弄断了牙套，连嘴唇都戳破了！"

听她这么说，同学们都瞪大了眼睛看着晓晗，为她担心。

没想到晓晗却轻松地一笑，说："没关系，等一下就好了。"

晓晗放下蛋糕，跑去了卫生间，不到一分钟，她就回来了，然后大口大口地吃起蛋糕来。

大家全都很好奇地看着她，晓晗一抹嘴角的奶油，说："放心啦，牙套我已经

摘掉啦。"

"你的牙套还能摘下来呀，真是太方便了。"

隐形牙套终于让晓晗变得自信起来，她开始适应戴着牙套的生活。

几个月以后，晓晗的牙齿基本变整齐了，牙疼的事再也没有发生过。不过，要想彻底解决牙齿的健康问题，还需要时间，晓晗一定会坚持下去，直到有一天取下牙套的时候，拥有一口健康美丽的牙齿。

刷刷姐姐
有话说

用牙齿点亮美丽

　　牙齿是人一生都离不开的重要伙伴，牙齿的作用也不仅仅是咀嚼食物那么简单。

　　与人交往的时候，洁白、整齐的牙齿会给我们带来自信和喜悦；生气的时候，通过"咬牙切齿"还能表达愤怒的情绪。"牙疼不是病，疼起来真要命"，很多人都饱受过牙疼的折磨。

　　如果你不能和自己的牙齿做好朋友，那它们就会给你带来大麻烦。

　　牙齿的周围隐藏着许多细菌，它们像

珊瑚礁一样堆积成片，形成斑块，如果不及时清理，就会损害牙齿的釉质，然后慢慢深入内部，形成实质性的病损。

别看牙齿又大又硬，它们可是很敏感的。要是你不注意口腔卫生，慢慢地就会产生龋齿，甚至不得不去拔去牙。形成龋齿前，牙齿表面的黑斑就是它们的"求救"信号，一旦发现，最好去看牙医。另外，没有经过治疗的龋洞难以愈合，需要及时填充，避免影响整颗牙齿而不得不去拔牙。

对于女生来说，在生长发育期，牙龈对口腔内细菌和食物残渣等的敏感性会增强，牙龈可能会变得红肿、松软、容易出血。

女生还可能患牙周炎，出现口臭、牙龈出血、牙周溢脓等症状，牙周炎扩散迅速，常会引起牙齿松动、移位等，影响牙齿的健康。

对女生来说，除了口腔的健康，她们还关心牙齿的美观。牙齿排列不齐、牙列拥挤等畸形问题往往是女生担忧的。

牙齿畸形的原因大体可分为两类：遗传因素和不良

习惯。

特别是不良习惯，会对牙齿产生很大的影响，导致咀嚼功能退化。现在食品越来越精细，大量奶制品、面包、膨化食品等，使牙齿的咀嚼功能越来越弱，牙齿和口腔内外的肌肉得不到应有的锻炼，导致肌肉无力、萎缩，颌骨也不能很好地发育，所以才会有越来越多的女生出现牙齿畸形。为防止这类现象发生，平时可以多吃一些坚硬耐磨的食品，如排骨、牛肉干、苹果等。

因此，对女生来说，养成良好的口腔卫生保健习惯是至关重要的，女生们应特别注意要正确、有效地刷牙，定期请医生检查牙齿，还要注意饮食平衡、营养充足，以保持牙龈等的健康。

最后，让我们一起记住口腔卫生"三三制"吧：饭后三分钟内刷牙，每天刷牙三次，每次刷三分钟。

女生小攻略

牙齿健康的秘密

1. 吃健康营养的食物

女生可以吃一些富含蛋白质、维生素、钙、粗纤维等的食物，有利于牙齿健康生长。如鱼、蛋、奶、虾等，还有新鲜的水果和蔬菜。

2. 含氟牙膏可以防治龋齿

含氟牙膏可以减少龋齿的产生。但含氟牙膏不宜使用过多，最好与其他牙膏搭配使用，避免带来其他负面影响，比如出现氟斑。

3. 睡前要刷牙

唾液是很重要的牙齿卫士。不过人睡觉时产生的唾液会减少很多，所以上床睡觉前一定要清洁口腔，因为口腔里的细菌是不睡觉的。

4. 少喝饮料

大部分饮料的酸性较强，加上含有蔗糖、果糖和葡萄糖等成分，对牙齿的危害非常大。晚上饮用饮料后不刷牙最容易引起龋齿。所以，一定要少喝饮料。

6

"车王"和乒乓女生

运动不仅能让你变得更高更美丽，还能给你一个快乐的好心情。青春在于运动，生命在于运动，快乐在于运动。

一天下午，阳光明媚，空气清新，气温宜人。

这是一个不普通的下午，临放学前，校园里已经形成一种紧张浓烈的氛围，每个人都蠢蠢欲动。

"丁零零……"放学的铃声终于敲响了，同学们迅速地收拾着书包，然后一个个夺门而出，奇怪的是，人潮并没有朝校门口涌去，而是来到了操场。

"快走啊，小欧，迟了可就啥都看不到了。"提前收拾好书包的小艾已经等不及啦。

"不就是自行车表演吗，至于这样着急吗？"小欧还是慢条斯理的样子。

"好了，算我求你啦，快走吧。"

当小欧和小艾来到操场上时，早到的同学已经围成

了一个圈。只听里面爆发出阵阵掌声和喝彩声，小艾伸长了脖子，却什么也看不到。

"说了让你快点，你就是磨蹭着不走，现在好了，什么都看不到。"小艾抱怨道。

"有什么好看的呀，一辆自行车还能骑出花来呀！"小欧不屑地说。

"那你可说错了，自行车骑好了，可比花好看呢！"

说这话的不是小艾，而是一个男生。

小欧和小艾回头一看，身边不知什么时候站了一个瘦瘦的男生，正跨在一辆自行车上朝人群中间张望呢。

"这么说你会玩喽？"小欧问男生。

"我不会玩，不过，我可以帮你们看别人玩。"那个男生自信地说。

"好啊好啊，带我们挤进去吧！"小艾在一旁激

动地说。

"挤进去？我可没那本事。来，坐在我的自行车上，不就可以看到了吗？"男孩说着，下了自行车，把车扶稳。小欧和小艾轮流坐上自行车，终于勉强看到了自行车表演。只见几个身穿黑色上衣的大男孩脚下蹬着自行车，摆出各种姿势，真是太精彩了。

"'车王'，快看啊，'车王'。"小艾突然激动地大喊。

"哪个是'车王'啊？"小欧边张望边问。

"就是那个，中间的那个，衣服上印着一条龙的那个。"

小欧仔细观察了一下说："技术果然了得，难怪你这么想来看呢！"

"哈哈，'车王'就是我哥。"一直辛苦扶着自行车的男生突然开

口说。

"你就吹牛吧。"小欧说着跳下自行车,"他要是你哥,我就是你姐。"

"你!"男生气得眉毛都快要竖起来啦。

"你什么你,不服啊?有本事拿出你自己的本领来,一看到人家车技好,就说是你哥。"小欧对那个男生说。

"好,那我们就比一比,看谁的本领大。"男生的斗志一下子被激发了。

"比就比,你说,比什么?"

"你是女生,我让着你,只要是体育项目,任由你选。"

"那好,我们就比乒乓球。"小欧看了看远处的乒乓球台,就随口说了出来,其实她并不会打。

"时间、地点由你选。"男生愤愤地离开了。

小艾突然喊道:"你叫什么名字,怎么找你?"

"我叫小舟，初一（2）班的。"男生回了一句，就骑车消失了。

"人都走了，你还喊什么？你知道我根本不会打乒乓球。"小欧对着小艾说。

"谁让你和人家夸口的？人家好心帮我们，你还那样说人家，自己闯的祸自己看着办，这次我可帮不了你。"小艾说完，也走了。

等冷静下来，小欧才开始后悔，刚才为什么要说那些话。她现在很后怕。

不过，小欧可是从来没有认输过。对了，不是有老爸吗？老爸可是乒乓球高手，在单位得过好几次奖，以前老爸喊她打乒乓球，她总说没兴趣，现在看来是不学不行啦。

一听说小欧要学乒乓球，老爸可乐坏了。

"我就说嘛，我的乒乓球天赋怎么会一点没遗传给你呢！女孩子也应该有一两项体育特长，这样既能锻炼身体，又能获得快乐。"

老爸说得没错，也许小欧真的有乒乓球天赋呢，刚刚练习了一周，老爸就对小欧赞不绝口。一个月后，小欧已经能和老爸对攻上几个回合了。是时候挑战小舟了，小艾代表小欧去初一（2）班下了"战书"。

又是一个阳光明媚的下午，小欧和小舟同时出现在操场的乒乓球台旁。除了小艾，上回表演自行车的团队也全部来到现场。

"车王"站出来说："我给你们当裁判，保证公平公正。"

"好啊！好啊！"小艾率先鼓起掌来。

"'车王'真的是你哥啊？"小欧悄悄问小舟。

"那还有假？你看我像个骗子吗？"小舟神气地说。

"别得意，球台上说话！"小欧像一只斗鸡一样，

率先进入了状态。

小欧虽然是新手，但球技惊人，连战三局，都以大比分赢了小舟，小舟只好认输。小欧正要庆祝，"车王"却拿起了球拍："球技不错嘛，我也领教几招。"

"车王"一出手，小欧竟然一局得五分都很困难。

"我还以为你只会骑车呢，没想到打乒乓球也这么厉害。"小欧这次彻底服了，真是"天外有天，人外有人"啊！

"没什么，只是随便玩玩而已。你能打成这样已经非常棒了。"

和"车王"交手之后，小欧意识到自己的不足，她更加刻苦地学习打乒乓

天赋
变化
蠢蠢欲动

球了。

从此小欧喜欢上了打乒乓球，而且惊喜地发现，身体的灵敏度提高了很多。原来喜欢一项运动，会给自己带来这么多变化和快乐。

刷刷姐姐
有话说

生命在于运动

青春期女孩运动系统的发育主要包括形态发育和机能发育等几个方面。这个时期，骨骼的发育很快，包括变长和增粗。女生的身高发育大多在十九岁左右停止，女生能长多高在很大程度上取决于青春期骨骼的发育。

青春期也是肌肉发育最迅速的时期，随着有规律的体育锻炼，女生的肌肉会越来越发达，体重的增加，有一半也是由于肌肉的增长。同时，肌肉的运动功能也迅速提高。

与此同时，女生的运动素质，如速度、耐力、下肢爆发力、协调性、灵活性等也在提高。

在影响身高的诸多因素中，除了遗传，还有后天运动、营养和环境等。对于女生来说，体育锻炼是比较积极有效的促进长高的方法。

经常参加体育锻炼可改善人体的血液循环，增强人体对营养的吸收，提高骨细胞的生长能力。运动不仅能让女生变高、变美丽，还能拥有快乐的心情。因为运动时，人会变得很兴奋、很愉快。

运动还可以帮助女生缓解紧张，减轻紧迫感，并且帮助神经系统恢复到平静状态。科学家建议，青春期女生每天运动应不少于一小时。

那么，女生做什么运动更有效呢？

锻炼项目如跑步、自由体操、篮球、排球、乒乓球、游泳、跳绳等。

强度较大的运动，进行的间隔时间应该长一点，并且总的锻炼时间不宜过长，以免过度疲惫。强度小的项目，锻炼时间可相对延长，使肌肉、关节和骨骼得到充分的活动。

青春在于运动，生命在于运动，快乐在于运动。女生们，加油吧！

女生小攻略

健康女生的运动方案

1. 跳皮筋

跳皮筋有许多种跳法和技巧，有单人跳、双人跳、花样跳等，跳的姿势也有许多变化。

跳皮筋对腰、腿的柔韧性和各个关节的灵活性作用很大。作为跳跃运动，跳皮筋可对下肢骨骼产生一定的压力，使骨骼得到更多的血液和营养，避免下肢骨骼异常弯曲和形成扁平足。

2. 骑自行车

这是一项我们再熟悉不过的运动了，它能有效地把健身与我们每天的生活结合在一起，也就是说，它不会额外占用我们多少时间。

这是一项最易于坚持的运动，可以锻炼腿部关节和大腿肌肉，并且对膝关节和踝关节的锻炼也很有效果。

3. 球类运动

排球和乒乓球都非常适合女生，球类运动会促进身体生长发育，对臂部肌肉和腹部肌肉的锻炼效果尤为明显，同时，对灵敏性的提高也很有帮助。

4. 健美操

健美操的运动负荷适中，动作优美，变化多，自由度大，而且娱乐性高。

健美操既可以单独练，也适合集体练，可使女生在柔韧性、协调性、灵敏

85

性、耐力等方面得到良好的锻炼。健美操对塑造女生健美的身姿，培养女生的节奏感，提高身体的表现力和音乐素养等，都有良好的作用。

5. 踢毽子

踢毽子时，一只脚站立支撑着身体，实际上是对人的平衡能力的锻炼。另一只脚用脚内侧、脚外侧、脚背踢毽子，则可以增强踝、膝、髋、腰和颈等处的柔韧性与灵活性。两臂自然摆动，一方面起着平衡作用，另一方面可对肩、肘进行协调性的练习。

踢毽子时还需要眼睛和腿的高度配合，这是对神经系统指挥能力的一种极好锻炼。

6. 轮滑

轮滑对协调能力的锻炼是很有帮助的。

轮滑不仅让女生看起来非常优美、有活力，还可以使腿部肌肉结实而有弹性。同时，轮滑还可以提高肺活量。

疯狂的流感

7

一些简单的生活习惯是最容易被遗忘和忽视的。用健康的方式来照顾自己，你就不会轻易被流感击倒。

安静的课堂上，小唯一个响亮的喷嚏，把大家吓了一跳。同学们看了一眼流着眼泪和鼻涕的小唯，都下意识地斜了斜身子。

同学们重新把注意力集中到老师讲课上没几分钟，教室里又响起了清脆的咳嗽声。

小唯努力地掩着自己的嘴，睁着一双无辜的大眼睛，向大家表达着心中的不安和歉意。

"把窗户都打开吧！"正在上课的英语老师有些不安起来。

一阵开窗声之后，教室里立刻被吹进来的冷风裹挟了。已经到了冬天，窗外树木枯立，空气异常的干燥，在这样的空气中，不知道浮着多少狡猾的

病毒呢。冷风一吹，越来越多的人开始咳嗽，而夹杂在其中的小唯的咳嗽声，更是响亮。

下课后，小唯全身酸软，柔弱地趴在课桌上。佳佳来到她的身边，扶着她的肩膀问："你怎么样，吃药了没？要不要喝点水？"小唯挣扎着抬起眼皮看了好朋友佳佳一眼，点点头。"瞧你的嘴唇，都干得裂开了。"佳佳一边说，一边把水杯送到小唯的嘴边。可是，小唯连抬头喝水的力气都没有了。佳佳只好先放下水杯，一只手抬起小唯的头，准备给她喂水。

"哎呀，好烫啊！糟了，小唯发烧了，小唯发烧了……"

不一会儿，楼道里就响起急促的脚步声，班主任谢老师马上赶了过来。她摸摸小唯的头，对围过

来的几个班干部说："不行，马上送医院。"

小唯的感冒来得太突然了，她前一天还活蹦乱跳的，今天就被送去了医院。

第二天一早，整个校园都笼罩在紧张的氛围中，校医务室的医生和护士都站在校门口，检查每一个学生的体温。

"听说小唯昨天发高烧了！"

"是吗？看来这次可不是一般的感冒呢！"

佳佳听到身后同学们小声地议论着，心里真为小唯着急。教室里散发着一股浓烈的消毒水味，看来，学校一早已经给每间教室都消过毒啦。

上课前，谢老师走进教室，严肃地说："可能有些同学已经听说了我们班的小唯现在还在医院呢。这次的流感非常严重，学校还有几位同学也住院了，大家一定要做好预防。从今天开始，教室里要保持通风，大家要注意保暖，也要积极锻炼，并且要勤洗手。一旦有咳嗽、发烧等症状，要及时去医院治疗，防止传染给他人。"

谢老师说完，同学们个个如临大敌，悄悄地议论着对策。

此时，佳佳最关心的还是小唯，她跟着谢老师走出教室，对谢老师说："老师，小唯怎么样了？她会不会有危险啊……"佳佳说着，眼泪已经掉了下来。

谢老师低下头，对佳佳说："别着急，小唯一定会好起来的，你安心去上课吧，一有消息我就会告诉大家。"

佳佳擦干眼泪，说："我想去看看小唯，可以吗？"谢老师想了想，对佳佳说："现在去不太合适，不但会影响小唯的治疗，还有可能

挣扎
弥漫
无影无踪

把流感病毒带回学校，传染给大家。这样吧，我们准备一张卡片，大家每人给小唯写一句话，鼓励她战胜流感，好吗？"佳佳点点头，说："好的，我这就去准备。"

躺在病房里的小唯，此时鼻孔里还插着输氧管，脑子里一片混乱，时而清醒，时而迷糊。就在小唯感觉清醒一些的时候，她看到了放在床头的一张卡片，用手指了指。

妈妈拿起卡片，把上面的话念给小唯听。

小唯的眼睛模糊了，她似乎看见谢老师、佳佳……班里的每一个人都站在她的眼前，微笑着向她招手。

第三天，每个同学都领到了一个卫生口罩。

谢老师告诉大家："流感病毒可通过唾液传播，所以学校为大家准备了口罩，大家要记得戴啊，尤其是在和身边的人说话的时候，这样既保护了自己，也保护了他人！"

第四天，小唯终于好转了，病情得到了控制。谢老师带着几位班干部来看她，小唯却东张西望。

谢老师马上明白了她的心思，说："佳佳感冒了，就没有来看你。"

"她也得了流感吗？严重吗？"小唯问道。

"她只是普通的感冒，有些咳嗽，为了不传染给大家，她请假治疗去了。班里还有几个感冒的同学，都不严重，你不用担心。"

听谢老师这么说，小唯才放心地点点头。

"只要我们大家一起努力，就一定能战胜流感！"谢老师和同学们的手紧紧握在了一起。

两周以后，小唯重新走进了熟悉的校园，刚刚踏进教室，教室里就响起了热烈的掌声。

佳佳走上前，对小唯说："欢迎你回来！"

　　小唯走上讲台，向大家深深地鞠了一躬，说："谢谢大家，没有你们，我是不会这么快走出病房的，是你们给了我勇气。"

　　教室里再次响起热烈的掌声。

　　谢老师走到小唯身边，说："要我说，应该感谢这次流感，正是这次流感，考验了大家的身体素质，考验了我们班同学的意志，更考验了我们的团结和友谊。"

　　窗外忽然飘起了雪花，在洁白的雪花的覆盖下，流感已经消失得无影无踪。

　　小唯走下讲台，拉起佳佳的手，一起回到了座位。

　　"这次流感，让我们班的同学都成长了许多，祝贺大家又长大了一些！"谢老师的话，让每个同学的心里都暖暖的。

刷刷姐姐
有话说

流感与普通感冒的区别

几乎每个女生都得过感冒，那么普通感冒和流感有什么区别呢？怎么区分是患了普通感冒还是流感呢？

很简单，流感是由流感病毒引起的，而普通感冒通常是由鼻病毒、腺病毒等引起的，人在受凉、淋雨、过度疲劳后，抵抗力下降，就容易患感冒。

与流感比起来，普通感冒主要表现为打喷嚏、流鼻涕等，全身症状较轻，一般不发热，或者只是低热。而流感的症状较重，患者突然会很怕冷、发热、头痛、全身酸痛、鼻塞、流涕、干咳、胸痛、恶心等，最危险的是，可能引发肺炎或心力衰竭，导致昏迷、抽搐，甚至死亡。

如果得了流感，在咳嗽、打喷嚏的时候，病毒会经飞沫传染给别人。流感的传染性很强，而且这种病毒容易变异，即使是患过流感的人，当下次再遇上流感流行，仍然可能被感染上。

面对流感，我们究竟应该怎么办呢？

流感症状不太严重的病人，可以喝一些对症的抗病毒药物；症状较重的病人，一定要及时送医院治疗。

我们可能听妈妈说过："勤洗手，早睡觉，多吃蔬菜，可以避免流感上身。"医生也说过："流感流行时要注意个人卫生，均衡饮食，多休息，多喝水。"但是对很多人来说，这些最简单的生活习惯也是最容易被遗忘和忽视的。

养成健康的生活习惯，我们就不会轻易被流感击倒。

女生小攻略

女生的日常健康建议

1. 咳嗽、打喷嚏时别用手掩着

在公众场合想咳嗽或者打喷嚏，该怎么办呢？家长可能教过我们，当咳嗽或者打喷嚏时，要用手遮掩口鼻，然后及时洗手。但是，实际情况下我们一般都不会立即去洗手，如果是在公交车或地铁中，也没有立即洗手的条件。这些时候，我们可能会通过握手、接触门把手、车扶手等方式传播流感病毒。

咳嗽或者打喷嚏时，手边正好没有手帕或者纸巾，那么与其用手遮掩口鼻，不如用自己的袖子。对着袖子咳嗽或者打喷嚏，可以避免将流感病毒传给别人。

还有，一定要避免用不干净的手接触自己的眼睛、鼻子以及嘴唇这些部位，因为这样很容易将病毒带入体内。另外，一旦染上流感，一定要暂停上学，以免将流感传染给别人。

2. 接种流感疫苗

目前预防流感比较有效的方法是接种流感疫苗。接种流感疫苗就像给计算机系统打"补丁"一样，补上身体中容易感染病毒的漏洞，最大限度地防范病毒的攻击。但是，需要注意的是，并不是人人都适合接种疫苗，要根据自己的身体情况，在医生的指导下科学接种。

3. 旧瓶子不要重复使用

很多人用旧瓶子来装水，这样看起来很环保，但是，没有经过及时清洁和消毒的旧瓶子里容易滋生很多细菌，所以最好不要重复使用。

4. 注意补充维生素

牛奶、鸡蛋、柑橘、坚果、菠菜、花生油等富含维生素的食品，都可以增强人体的免疫力，帮助我们抵抗流感。

5. 经常洗手

想要尽可能阻断流感传播的途径，就要经常洗手。洗手时最好按照科学有效的洗手方法，达到比较好的清洁效果。

8

菲菲减肥记

女生的生长发育有其自身的规律，虽然肥胖有各种不同的原因，但是，不健康的饮食和缺少锻炼是女生体重增加的两大主因。

"三十二公斤，呀，我最近又长了两斤！""让我也来试试，哎呀，怎么还是三十八公斤呢？"每年一次的学校体检，大家最感兴趣的就是称体重，都争相往前挤，只有一个人面无表情地站在后面。

"菲菲，该你了，快上啊！"大家都称完了，男生东东突然向站在最后的菲菲喊道。

大家的眼睛齐刷刷地盯着菲菲，心里都在默默地猜着菲菲的体重。

看到大家都注视着自己，菲菲羞红了脸。

"快点呀，菲菲，就差你一个人啦。"

"是呀，测完体重还要进行下一个项目呢。"

大家都在催促菲菲。菲菲低着头，迈着细碎的步子，缓缓地走上前。"菲菲，我猜你的体重会超过我。"东东眨着眼睛开玩笑地说。

一听这话，菲菲刚抬起的脚又放了下来，她像一只胆怯的小鹿，望了望大家。

"哈哈，菲菲，你的脸红了，像熟透的苹果。"东东没有注意到菲菲眼中的泪花，继续开着玩笑。

这时菲菲一转身，竟然跑开了。

"你看你，把人都气走了。"

这下，东东觉得有些尴尬了，本来是想开个玩笑，结果没想到气走了菲菲。

回到家，菲菲趴在床上哭了好久，哭够了，打开电脑，找出自己上幼儿园时的视频来看，那时候她还是个瘦小的女生呢，戴着红帽子演童话剧《小红帽》，别提有多可爱了。现在怎么会变得这么胖了呢？其实，菲菲小时候一直很瘦。刚上小学那年，爸爸妈妈去省城打工，把菲菲留给奶奶，由奶奶照顾她的生活。

爸爸妈妈突然离开，让菲菲感到很无助，为了安慰菲菲突然变空的心，奶奶总是满足她的所有要求。

也就是在那个时候，菲菲爱上了快餐，每天的正餐几乎有两顿是在快餐店吃的。

大口地嚼着汉堡，吃着薯条，喝着可乐……菲菲的生活让身边的小朋友都羡慕不已。

就在菲菲疯狂地迷恋快餐的同时，她变得越来越懒，一回到家就窝在沙发上看动画片，端饭、打洗脚水等事情都是奶奶帮她做，菲菲像只慵懒的猫，连眼皮都懒得抬一下。

很快，菲菲的瓜子脸变成了方形，还长出了双下巴，连手指都变得粗大起来。有一次和奶奶去吃小吃，服务员给的塑料手套死活都戴不进去，菲菲急得直喊："有没有大号的呀？"

到十二岁的时候，菲菲已经很胖了。

看完小时候的视频，菲菲终于痛下决心——减肥！菲菲先在网上搜索了变胖的原因，结果发现，快餐是她变胖的罪魁祸首。

菲菲找来一张纸，用红笔在上面写下了八个大字："拒绝快餐，我要减肥。"然后把这张纸贴在了自己的床头。

菲菲搜集了好多减肥的方法，最理想的当然是运动了。

第一项进入减肥计划的运动是跑步，菲菲决定每天早起一刻钟，去操场上跑步。

可是，仅仅跑了三天，菲菲就坚持不下去了。

不是菲菲的意志力不坚定，而是受不了别人的眼光。因为当菲菲出现在操场上的时候，她那

企鹅般的跑步姿势总是会立即吸引所有人的目光。在这样的氛围中，菲菲还能继续坚持下去吗？跑步被淘汰之后，菲菲又想到了球类运动。球类运动量大，减肥最有效了。

可是，选什么项目呢？篮球、足球、排球都是集体运动，就连乒乓球也需要和伙伴一起来完成，可有谁愿意接纳她呢？菲菲尝试着问排球队的队长小鹿，可小鹿却说："排球运动需要弹跳好，可你……"菲菲羞红了脸。

前两次的失败，更加坚定了菲菲减肥的决心："我一定要找到适合自己的减肥方式。"

有一次，在和娜娜的聊天中，菲菲听到了一个好消息。

娜娜说，她妈妈单位有个阿姨，生完孩子后一下子胖了五十多斤，为了减肥，她每天都坚持爬办公楼的楼梯，从不乘电梯。坚持了三个月后，竟然成功地瘦了下来。

爬楼梯真是个好办法啊！

菲菲想，自己家住在十七楼，要是每天坚持爬一次，运动量应该不小，最主要的是，爬楼梯一般不会被人发现，不用担心别人异样的眼光啦。

当天晚上回家，菲菲就开始了自己的爬楼计划。

一口气爬上十七楼，菲菲虽然累得满头大汗，气喘吁吁，但还是很有成就感的。

第二天早上，当菲菲从床上爬起来之后，发现双腿已经不听使唤了，站到地上就直发抖。

原来，菲菲平时缺乏锻炼，突然进行这么大强度的运动，肌肉受不了了。

怎么办，就这样放弃吗？看到床头的那八个大字，菲菲突然想起一句话："你虽然在颤抖，但你必须往前走！"

这句话不就是说给现在的菲菲听的吗？

于是，菲菲用手扶着发抖的双腿，坚持走到了学校。

那天放学后，十七层的爬楼计划花费了半个多小时，菲菲几乎是手脚并用爬上去的。

一直等在家门口的奶奶，看到菲菲上来的那一刻，眼泪哗一下就出来了。"为了减肥连命都不要了，赶紧回家，奶奶为你准备了你最爱吃的炸鸡翅！"

听到"炸鸡翅"三个字，饿了一个多小时的菲菲，肚子就咕噜噜地响了起来，想起美味的鸡翅，她就直流口水。

"我不吃，奶奶，您别让我看见它，好吗？"菲菲狠下心说道。

"以前是奶奶不好，既然你决定减肥，奶奶也一定配合你。"擦掉眼泪，奶奶把菲菲搀扶进家门，就去为她准备营养健康的

晚饭。

　　坚持了半年之后，爬楼梯对菲菲来说，已经是一件很轻松的事情了，不到十分钟，她就能轻松地爬到十七楼。

　　第二年学校例行体检时，菲菲第一个站上电子秤。

　　"您的体重为五十公斤。"当电子秤报过体重以后，全场响起了热烈的掌声。

　　"菲菲，你太了不起啦！"东东喊道。

　　"谢谢大家！"菲菲微笑着说道。

刷刷姐姐
有话说

肥胖是女生心头的痛

越来越多的女生变得肥胖，女生青春期肥胖到底是怎么回事？

女生的生长发育有其自身的规律，形成肥胖的原因是多种多样的，其中，不健康的饮食习惯和缺少锻炼是两大主因。

不健康的饮食习惯突出表现在暴饮暴食、偏食以及偏爱"洋快餐"等方面。洋快餐虽然吃起来很过瘾，但是它的肉量多，蔬菜少。很多种汉堡中夹了一大块肉饼，却只有一片生菜叶和薄薄的一片西红柿。马铃薯制成的炸薯条，不但热量大大增加了，有些营养成分也遭到了破坏。

洋快餐的热量高、脂肪高、糖分高，而且含盐量也高，

多吃容易诱发高血压等疾病。人经常食用这类食物自然会变胖。

可怕的是，随着体重增加，女生想要节制饮食变得越来越难。

洋快餐中的配角可乐也是很危险的。

可乐喝起来清爽、刺激，主要是因为其中含有二氧化碳。不过，二氧化碳摄入太多会让人胀气，影响消化。同时，可乐中含有的大量糖分可能导致肥胖和龋齿。大量饮用可乐还会影响骨骼的生长呢。

青春期女生缺少锻炼是造成肥胖的另一个主因。如果女生每周能坚持一定时间的快步走，就可有效地避免肥胖。

另外，千万不要把正常的体重增加看成肥胖。女生都渴望有苗条的身材，但很多女生仅仅是有些超重就十分担忧，开始节食以控制体重的增长，这样做是不对的。

一旦错把正常的体重增长看成肥胖而进行不必要的减肥，不仅会导致体重过度减轻，还会影响身体健康。

体重只要控制在合理的范围内即可，盲目地减肥是非常有害的。

女生成长
小红书

女生小攻略

减肥的小建议

1. 坚持锻炼

每天坚持锻炼，可以选择跑步、快走等方式，也可以选择跳舞、健身操等。选择适合自己的运动方式，并且坚持下来，一定会达到你想要的效果。

2. 用茶水代替饮料

想喝饮料时，不妨拿出一包绿茶或者水果茶泡上。选择既可口又没有有害添加剂的饮品能缓解你对饮料的"相思之苦"。

3. 用水果代替碳酸饮料

实在想喝碳酸饮料时，不妨吃一些水果，水果除了能给身体补充水分，还能提供丰富的维生素。

4. 远离油炸食品

油炸食品虽然好吃，但是容易让女生变肥胖，所以远离油炸食品吧。在健康的身体面前，油炸食品无可留恋。

5. 多吃蔬菜

蔬菜是健康食谱中不可或缺的食物。多吃一些含丰富维生素和纤维素的蔬菜，不仅能润肠通便，还能有效地促进代谢、排毒减肥。

6. 少吃甜点

只要看到美味精致的甜点，一些女生总会有一股冲动，想买些来吃。如果不想变成胖丫头，那还是少碰甜点为妙，偶尔吃几次是可以的，但要把握分寸。

9

女领唱的烦恼

便秘其实就是我们身体的一面镜子，反映出很多方面的问题。所以，千万不要以为少排几次便不是什么大问题，一定要留心！

"好了，大家安静一下！"音乐厅里，谭老师示意合唱团的成员们安静下来。

"今天是我们第一次排练《我的祖国》，这首歌非常重要，是我们参加全市歌唱比赛的曲目，大家一定要用心练习！"谭老师看了安安一眼说："安安，你作为这首歌的领唱非常关键，声音一定要洪亮！"

安安认真地点点头，说："好的，我知道了。"

"好吧，现在开始练习。音乐，起——"

"一条大河波浪宽，风吹稻花香两岸……"随着音乐声响起，安安优美的歌声在音乐厅中飘荡着。

"停……"安安正唱得美

呢，谭老师怎么突然喊停了？安安疑惑地看着谭老师。

"畅畅、朵儿，你们说什么呢？排练的时候不许说话，你们不知道吗？"

原来是站在安安身边的畅畅和朵儿在"开小会"呢。安安转过头看了她们一眼，没想到，目光正好和朵儿的碰在一起，而朵儿的目光中充满了厌恶。

"老师，安安有口臭，我们实在受不了啦！"

"口臭？"一听说"高高在上"的合唱团领唱有口臭，整个合唱团顿时炸开了锅。

"安静，大家安静！安安，你过来一下。"

谭老师把挂着委屈泪水的安安叫到一边，说道："安安，对一个合唱团领唱来说，要像爱护自己的乐器一样爱护自己的口腔，如果你真的有口臭，一定要想办法解决！"

安安回到家，仔细地检查起自己的口腔来，她

每天都是按时刷牙的，而且还经常漱口，怎么会有口臭呢？安安痛苦极了。

晚上睡觉前，照例是安安雷打不动的上厕所时间，安安陷入自己的烦恼中，不知道在卫生间待了多长时间。

"安安，你上完厕所没有啊？我要冲澡啦！"直到妈妈开始催促，安安才发觉自己在厕所已经待了很久，可是不论怎么努力，就是排不出便来。

"安安，上厕所的时间不宜过长，你每次都在厕所待这么长时间，对身体不好。"爸爸在外面说道。

从卫生间出来的安安一脸沮丧，对妈妈说："我便秘啦，而且还有口臭，谭老师说要我赶紧解决呢！"

"你总是便秘，消化不好，肚子里积有恶气，当然会有口臭啦。"爸爸在一旁说。

"那怎么办啊？"

"来，喝点蜂蜜水，治好便秘，口臭自然就没有啦。"妈妈说着，为安安准备好了蜂蜜水。

喝完蜂蜜水，安安又吃了一个苹果、一根香蕉，酝酿了一会儿，再次进了卫生间。

经过十几分钟的努力，她总算是排出来一点粪便，可是，肛门疼得厉害，冲水的时候安安竟然发现马桶里面有血丝。

"出血啦！"安安惊叫道。

"别担心，休息一下，妈妈明天带你去医院看看。"妈妈安慰道。

去了医院，医生为安安开了一些简单的通便药物，然后教了安安一些治疗便秘的小方法，比如，饭后一小时平躺下来做抱膝动作，以及按摩肚皮等。最后，医生问道："你平时都吃些什么呀，有没有吃粗粮？"

浑厚
粗粮
优差

"什么是粗粮啊？"安安惊讶地问道。

"粗粮你都不知道啊，难怪会便秘。女生要多吃粗粮，比如玉米粥、小米饭、土豆、红薯之类的。你吃得太精细了，所以才会便秘。"

"啊，是这样啊，我还以为吃得越精细，皮肤就会越好呢。"

医生笑着说："你要科学饮食啊！"

安安不好意思地低下头，原来问题出在饮食上。以前，一看到土豆、红薯，安安就厌烦，吃了这些表皮皱皱巴巴的东西，会不会自己的皮肤也变得灰暗、没有光泽呢？

事实恰恰相反，安安的皮肤并没有那么好，不但发黄，还总冒痘痘。最可恶的是，安安还有便秘和口臭。

回家后，安安就和妈妈一起制订了饮食计划。

安安还发明了一种有趣的对抗便秘的妙招，那就是"唱歌疗法"。

每次上厕所的时候，安安就会使劲地唱歌。这些天爸爸就常常能听到厕所里响起歌声："一条大河……波浪……宽……"然后，不到三分钟，就能在客厅见到像小鸟一样快乐的安安。

果然，在便秘好了之后，安安的口臭也消失啦。

"安静，安静！"谭老师拍着手说，"排练开始。现在已经到了冲刺阶段，还有一周就要参加比赛了。全体准备，乐队，起——"

"一条大河波浪宽，风吹稻花香两岸……"

"停！"安安正唱在兴头上，谭老师又叫停了。

安安委屈地看着畅畅和朵儿说："我真的没有口臭了，不信你们闻闻！"

谭老师笑着说："没人说你有口臭啊，我是想要说，最近你的音域宽了好多，非常适合领唱这首歌，继续加油！"

"谢谢谭老师！"安安微笑着点点头，没有人知道，她的音域竟然是在马桶上练出来的。

嘘，一定要替我们的安安保密呦！

刷刷姐姐
有话说

女生便秘要留心

什么是便秘呢？

很简单，所谓便秘，其实就是排便困难。大便在肠道中停留的时间过长，不能及时排出体外，大量的水分会被吸收，大便变得又干又硬形成便秘。很多人只关心吃进去的东西，却忽视了排泄的质量。其实，排泄与吸收同样重要。

为什么排泄如此重要呢？因为如果长期不能正常排泄形成便秘，便秘者肠道内的有害气体和毒素不能及时排出，当超过肝脏的解毒能力时，就会随血液

循环进入人体组织。

长期便秘使肝脏的负担加重，体内毒素得不到及时排出，会使机体功能失常，激素代谢失调，导致面色发黄、口臭和长青春痘等。便秘还会引起肛门直肠疾病，如直肠炎、肛裂、痔疮等。从另一个角度说，便秘其实就是我们身体的一面镜子，反映出很多健康问题。所以，千万不要以为少排几次便不是什么大问题，一定要留心！

很多女生对便秘都不大在意。由于女生的肠道功能比较好，可以忍得住大便，一些女生便养成了忍便的习惯。而且，有的女生比较害羞，有时候课间忽视了上厕所，想起来的时候，又快上课了，担心上厕所迟到，就忍了下来，这往往打乱了排便时间。

对女生来说，养成规律排便的习惯非常重要。如果早上早一点起来，就会给排便腾出宽裕的时间。一般来讲，正常人一天排便一到两次。如果能在早晨排完便，就等于丢掉了一个大包袱。

没有好的饮食习惯，常常会造成便秘。许多女生喜欢吃零食，结果一到正餐的时间就没了食欲；还有的女生为了减肥和省时间，要么不吃早餐，要么午餐吃得很少，要么不吃晚餐。长此以往，饮食越来越没规律，胃肠功能逐渐受到干扰，就会导致便秘。当出现早期便秘以后，很多女生意识不到便秘的危害，胡乱买一些通便的药品吃，结果适得其反。

多吃一些富含纤维素的食物，如含麦麸多的粗制面粉、糙大米、玉米等，对预防便秘有效果。另外，多吃白菜、芹菜、韭菜、萝卜、红薯，以及柚子、苹果、桃等，也可以起到预防便秘的作用。

女生小攻略

远离便秘的健康秘籍

便秘是女生常见的秘密，一般发生便秘主要有四种情况：

一、功能性便秘。

多由生活规律改变、不良情绪等导致。一旦生活规律等恢复正常，便秘一般会自行消失。

二、急性便秘。

突然发生的便秘，有时会伴随剧烈腹痛、呕吐等症状，严重的应尽快就医。

三、结肠性便秘。

多由肠蠕动减弱等造成，体质虚弱的人容易患上这种便秘。

四、痉挛性便秘。

由于肛门肌肉痉挛，大便无法通畅地通过导致便秘，其特点是便秘和腹泻交替发生。

远离便秘，可以尝试以下做法：

1. 避免久坐

久坐少动和精神高度集中，往往是便秘的罪魁祸首，可以多做深呼吸、腹部运动、转腰屈腿、跑步等运动。

2. 自我按摩

每天坚持自我按摩，睡觉前按顺时针方向按摩腹部，也可以缓解便秘。

3. 定时排便

养成定时排便的习惯，这样身体就会形成条件反射，到时候肠蠕动加快，便秘的发生率也就小了。

4. 适量喝水

每天在不同的时间段喝适量的水，也可以减少便秘的概率。

10 丑小鸭的健美梦

健美操是一种集体操、瑜伽和舞蹈于一体的运动项目，尤其适合女生锻炼，它不但能提高身体素质，还能增强自信。

在一次上学的途中，一辆大卡车刹车失灵，冲向正走在人行道上的筱筱。情急之下，卡车司机猛打方向盘，卡车最终撞向路边的水泥台阶。虽然筱筱没有被卡车正面撞到，但还是被车身碰到了。

等筱筱醒来的时候，她已经躺在医院的病床上了。

经过三个月的治疗，筱筱终于可以下地走路，但是，当筱筱迈开第一步的时候，却发现自己的两条腿不一样长！

筱筱惊讶地望着爸爸妈妈，而此时，妈妈已经无法控制自己的泪水，爸爸走过来蹲在筱筱面前，说："来，继续往前走，有爸爸妈妈在，你放心走就好了。"

"可是，我的腿以后都会这样吗？"虽然那时的筱筱只有六岁，但是她已经预感到自己前面的路有多么艰难。

"医生说有希望恢复的，只要合理地进行锻炼，就有可能和以前一样。"虽然很艰难，但爸爸不想让筱筱绝望。

从那天开始，筱筱成了一个长着长短腿的姑娘。

随着年龄的增长，筱筱开始变得敏感，她渐渐感觉，身边的朋友少了，而嘲笑和看不起自己的人多了。

于是，筱筱变得越来越沉默，头也深深地埋了下去，形单影只地穿梭在家和校园之间。

那是一个周四的下午，同学们都去上体育课了，筱筱一个人留在教室里。因为腿的缘故，筱筱不能和其他同学一起上体

育课，所以，每当上体育课的时候，都是筱筱最清静自由的时候。

筱筱看了一会儿书，外面的阳光很好，她有了出去走一走的冲动。

来到教学楼后面，筱筱发现班里的同学正在操场上练习打篮球。为了不让同学们看到自己，筱筱向教学楼的西边走去，那边的阳光很灿烂。

教学楼西边是舞蹈排练厅，远远地，筱筱就听到从里面传来欢快的音乐声。

有人在排练舞蹈吗？筱筱边走边想，她很快就来到了排练厅的窗台下。

筱筱踮着脚尖朝里张望，只见一群穿着黑色舞蹈服的女生，跟着音乐的节奏正欢快地起舞呢。

教舞蹈的马老师把上衣扎在腰间，一边做着动作，一边喊着节奏和动作要领。

筱筱立刻就被这美丽的画面吸引了，趴在窗台上呆呆地看了一节课。

晚上回到家，关上房门，筱筱悄悄模仿起女生们的舞步来，可是不管自己怎么努力，做出来的动作总是很别扭。

穿梭

害羞

形单影只

尽管是这样，筱筱还是感觉到了从未有过的快乐，在舞蹈中，筱筱感觉自己就要飞起来了。

以后，每次上体育课的时候，筱筱都会悄悄跑到排练厅外看女生们跳舞。

有一次，筱筱正看得入神，忽然，有只手放在了她的肩上。

筱筱回过头一看，是教舞蹈的马老师。筱筱看得太入神，马老师什么时候走出排练厅，她都没注意到。筱筱害羞地低下头，两只手来回搓着。

马老师低下头说："你叫筱筱吧，我认识你。"

筱筱点点头，没想到马老师还知道自己的名字呢。

"你喜欢舞蹈吗？"马老师接着问。

"我……我不能跳舞。"虽然筱筱心里非常想说喜欢，但是，她知道跳舞对自己来说就是一种奢望。

"谁说你不能跳舞啊，我问过你爸爸妈妈了，你完全可以跳。"

"您问过我爸爸妈妈了？"筱筱惊讶地看着马老师。

"对呀，你不是第一次看我们上课了吧？看得出你很喜欢跳舞，我就打电话问了你的爸爸妈妈。"马老师微笑着说。

"太好了，我真的能跳舞吗？"

"当然，不过，你要先从简单的动作学起，就比如你这几天看到的。我们练的叫健美操，是舞蹈中比较简单的，学起来很容易，我已经和你的班主任商量过了，以后上体育课的时候，你就来我们这边练习健美操吧！"

"谢谢马老师！"筱筱想不到，竟然有这么多人在默默地关心着自己，她心里升腾起一股暖流来，并下定决心一定不辜负大家的苦心。

刚开始学的时候很艰难。筱筱站在队伍的最后面，像一只笨拙的鸭子一样，断断续续地模仿着动作，好几次，因为腿的配合出了问题，她都摔倒在地上。

每一次筱筱摔倒后，马老师都会投去鼓励的目光，然后，筱筱会坚持着爬起来，继续练习。下课以后，马老师会特意来到筱筱身边，为她擦去头上的汗水。

"筱筱，你和别人不一样，所以你就要付出更多的汗水。虽然你的腿不如别人的灵活，但是你的领悟力强，想象力也很丰富，跳舞的时候很投入。

尽管现在你跳得还不好，但是，只要坚持下去，你一定会成功的。"

马老师的话让筱筱充满信心。

自从开始练习健美操，筱筱整个人都发生了变化，她开始试着昂起头，和每一个熟悉的同学大声地打招呼，微笑着和别人聊天……

过去，筱筱觉得自己和同学们是两个世界的人，但是现在，她好像一下子就走进了他们的世界，原来这一切并没有那么难。

在健美操的课堂上，筱筱不再形单影只，她会和同学们一起聊天，甚至开玩笑。

时间过得很快，一年过去了，筱筱发现自己的长短腿不是那么明显了，走起路来身子也不怎么摇晃了。

更大的惊喜还在后面，市少年宫舞蹈团的老师来学校选拔学员，筱筱只跳了一段健美操，就引来老师们的阵阵掌声，最终，她被选进了舞蹈团，开始正式学习舞蹈啦！

刷刷姐姐
有话说

勇敢面对身体的不完美

作为身体健全的人，我们似乎不大关注那些身体不完美的人。当我们在公交车上，偶遇两位用手语交流的聋哑人，或者在公园遇到拄着拐杖的同龄人时，有没有想过他们的快乐和忧愁？有没有意识到健康对我们来说多么重要？

刷刷姐姐认识一个被称为"瓷娃娃"的女生，因为全身的骨头十分脆弱，稍不注意就会骨折，女生已经经历过几十次手术，身体多处打上了钢钉。但是，女生从没有想过放弃，她凭借自己的能力努力学习，学习成绩十分优异。

身体不完美者往往有一种遭人轻蔑的自卑，但这种自卑也可以是一种奋勇向上的激励。

我们需要的，恰恰就是这种激励。

人无完人，虽然我们很幸运地拥有健康的身体，但是，每个人都会有缺点或者缺陷，克服了这些，离成功就会更近了。

有一位演说家，由于有一口龅牙，他小时候脆弱胆小，在课堂上被点名背诵课文，会双腿发抖，嘴唇颤动不已。然而，他却有着奋斗的精神。

没有谁能比他更了解自己，他清楚自己身上的种种缺陷。他从来不欺骗自己，而是用行动来证明自己可以克服不完美从而取得成功。

在演讲中，他学会了如何利用假声来掩饰他的龅牙，他还战胜了自己的胆小，最终成为有魅力的演说家。

很多女生始终关注的是自己的不完美，觉得自

己与成功无缘。追求完美也许只是一种幻想，我们要善待

自己的不完美，在不完美中升华自己的理想，在不断追求

与奋斗中踏踏实实地走好每一步人生之路。

女生小攻略

健美操锻炼秘诀

对于青春期的女生来说，生理和心理上会产生一系列的变化，在优美的旋律伴奏下，用各种身体姿势表现自我，健美操是比较适合的运动方式之一。它的运动量适中，动作优美，变化多，自由度大，而且娱乐性高。它既可以单独练，也适合集体练；既适合体能强的人练，也适合体能弱的人练。

长期参加健美操练习，可使女生在柔韧性、协调性、灵敏性、耐力等方面得到良好的锻炼，对塑造女生健美的身姿、培养节奏感、提高身体的表现力和音乐素养，都有良好的作用。

要想取得理想的锻炼效果，必须科学地安排健美操练习的时间与次数，并注意运动卫生等。

1. 练习时间与次数

练习健美操，可以根据自己的学习情况及生活习惯，适当地安排时间。比如下午三点到晚上八点这段时间就可以。

每星期安排两三次就可以了，每次一小时左右。饭前练习要在休息半小时后才能用餐，饭后练习则要休息一小时以上才能进行；晚上练习时间不宜太晚，以免因过度兴奋影响入睡。

2. 准备和整理活动

练习健美操前应先进行准备活动，使身体预热，提高兴奋度。练习完毕，一定要做整理活动，让机体逐渐恢复平静状态，使紧绷的肌肉得到舒展、放松。运动后可以洗个热水澡，能使全身舒适、精神焕发。

3. 着装

练习健美操时穿的衣服，应根据季节的变化和练习环境的温度适当更换，一般穿棉质、弹性好的衣服。特别强调的是，运动时一定要穿弹性好、柔软的运动鞋和运动袜子，因为做操时会对下肢关节及足弓产生一定的冲击力，合适的鞋袜可以起到保护作用，避免下肢等受伤。

4. 饮食

饮食会对做健美操的效果产生一定影响。原则上运动前的一餐不宜吃过饱，并且应吃一些易于消化，且含有较多糖、维生素的食物，同时应尽量少吃富含脂肪及刺激性的食物。运动后，应多吃些高能量、低脂肪、含蛋白质多的食物。另外，运动时出汗较多，记得及时补充水分。

11 大自然带给你健康

旅行也是健身和增强体质的运动，不知不觉间给了你锻炼身体的机会。尤其是去一些有青山绿水的地方，对女生的身体健康非常有利。

　　香香出生在美丽的大海边，她从小就喜欢在海边遥望远方。

　　每次去海边的时候，香香都会带上亲手折的小纸船，然后在上面写上自己最想去的地方，再对着大海默默许下心愿。

　　香香最珍爱的东西，是一本旅行日记。日记的扉页上有一张大大的地图，每去一个地方，香香都会在地图上找到那个地方，然后画上一个红色的小圈。

　　十三岁的香香已经去过不少地方了，每年爸爸妈妈都会带她去一个地方，香香会把一路的见闻全写进日记里，这本日记是香香最宝贵的财富。

　　香香不喜欢去熙熙攘攘的大城市，更不喜欢去人挤人、人看人的景点，她喜欢去陌生而安静的地方，呼吸新鲜的空气，吃绿色健康的美味……那感觉真的棒极了！

香香的下一站是遥远的西部沙漠。一样是沙子的世界，香香怎么也无法想象，一眼望不到边的沙漠，会和脚下柔软的海滩有什么区别。

暑假结束前一周，爸爸妈妈带着香香，和另一个家庭一起踏上了沙漠之旅。

同行的这个家庭中也有一个女生，名叫舒儿。她皮肤黝黑，十分干练，但对人总是冷冰冰的。

飞机降落

以后，香香他们一行六人正式踏上了西部高原。汽车一路向西，车窗外是一个连一个的土山包，已经很难看到绿色了。

香香看了一眼坐在隔壁座位的舒儿，她正目不转睛地盯着那些土山包呢。

"舒儿，你以前来西部游玩过吗？"香香主动搭话。

"没有。"

"那你觉得西部怎么样？"

"还好。"

"你见过沙漠吗？"

"没有。"

"哈哈，我现在既兴奋又紧张，好期待啊，一定很神奇吧，你说呢？"

"是吧。"

……

香香真的没有兴趣再聊下去啦，舒儿每次都用两个字来回答，真是个怪人！

汽车颠簸了五个多小时，香香不知道什么时候睡着了。

等她睁开眼睛一看，天色已经变暗，他们的车子正行驶在一片戈壁滩上，西边的太阳已经落到地平线的边缘，成了一片血色。

"好美啊！"香香不由得叫出声来。可是，舒儿依然很淡定。

很快，他们的目的地到了，原来是一个开在沙漠绿洲里的小山庄，几幢红色的小楼，整齐地排列在前方。

晚餐是当地最出名的烤全羊，香香一听，就馋得直流口水。

在小楼前的戈壁滩上，服务员点起一堆篝火，然后架上特制的架子，搬上来一只羊，支在架子上

烤起来。

香味迅速弥漫开来，香香深深地吸了一口气，实在是太令人陶醉了。

大家围着篝火说说笑笑，唯独舒儿一个人在不远处的小沙包上望着刚刚升起的月亮。虽然是夏季，但沙漠的夜晚依然有点冷。

香香拿起舒儿放在妈妈身边的外套，向小沙包走去。

"来，把衣服披上吧，有点冷了。"

舒儿接过衣服，说了声"谢谢"。

她的回答依然是两个字，看来，让她多说一个字都难呢。

有了汽车上交流的经验，香香不想再碰一鼻子灰，赶紧撤退。

突然，一直望着月亮的舒儿说话了："沙漠的月亮好美啊！"

啊，她终于说出一句完整的话了。香香转回来，坐在舒儿身边说："没错，真的很美呢，你瞧，感觉天空比我们家乡的要深邃好多，月亮也格外洁白。"

　　"你喜欢白色吗？"舒儿问。

　　"喜欢啊，白色是我最喜欢的颜色。"

　　"我也喜欢白色，多么纯洁啊！"舒儿意味深长地说。

　　仿佛是忽然间，舒儿打开了话匣子，她站起身，看着天边的月亮说："我曾经很喜欢白色，像雪一样的白色。我的衣服都是白色的，夏天一定会穿白色的裙子。到了冬天，我穿着白色的羽绒服站在雪地里，仿佛与雪融为一体了。只是，白色已经深深地埋藏在我的心底，落满了尘埃。现在我喜欢上了黑色，你看，就像月亮旁边的乌云一样的黑色。黑色多神秘呀，让人看不透。"

香香一下子怔住了，她没想到一个与自己同龄的女孩子会有这样古怪的想法。好在香香去过很多地方，丰富的游历让她比一般人成熟。她知道在舒儿的内心深处，一定有一段故事，或许是悲伤的故事。

"是呀，黑色是很神秘，只是它不会永远遮住月亮。月亮会穿过乌云，将白色的月光洒向大地。"香香看着舒儿的眼睛，认真地说。

"好了，我们去吃烤全羊吧，好香呢！"

说罢，香香拉起舒儿，直奔篝火堆而去。

晚上睡觉前，香香悄悄问爸爸："那个舒儿感觉好奇怪啊，说话怪怪的。她心底一定有一段悲伤的故事吧？"

爸爸叹口气说："你不知道，舒儿这段时间的心情很不好。为了让她放松放松，她爸爸妈妈才带她来这里的。"

"那您怎么不早告诉我呢？"香香吃惊地说。

"你们是同龄人，有些话也许她愿意和你说，我们之前没告诉你，是希望你能和她平等地交朋友。"爸爸解释说。

"嗯，那她为什么心情不好呢？"香香问道。

"舒儿在网上交了个朋友，结果被骗了，所以才不愿意和人交流。"

"这样啊，怪不得她会说出那样的话！"这下香香全明白了，"放心，把她交给我吧，我有办法。"

香香躺在帐篷中，脑子里不断闪现爸爸说的话。这时白色的月光穿过乌云，照射在帐篷上，香香突然想到舒儿说的那一番话。一个喜欢白色的女孩子，将白色梦锁在记忆深处，转而喜欢神秘的黑色，她心中该有多痛苦呀。那次交友被骗是她心中的一个结，在那之前，她一定认为人会像白色一样纯洁，她哪里会想到有的人却如黑色一样给人压抑、

痛苦呢！

香香决定帮她解开这个结，让她重新喜欢白色——纯洁的颜色。

纯洁
适得其反
神秘

这一晚，香香想了很久，终于想到了一个好办法。在接下来的日子里，香香整天和舒儿在一起玩，两人之间的交流也渐渐多了起来。

有一回，香香和舒儿在沙漠中玩垒沙城的游戏，香香抓了一把沙子，使劲一捏，结果沙子全从指缝间滑走了。

香香对舒儿说："你瞧，这沙子可真奇怪，你捏得越紧，就会失去越多！这让我想起有一次我考试失败，心里很痛苦，很长时间我都处在自责中，总是暗示自己，下次一定要考好。美好的阳光都被乌云遮住了，结果在接下来的考试中，我又一次失败了。我这才明白，不是我没有能力，而是因为我太过紧张，反而适得其反。"说完，香香又抓了一把沙子，使劲一捏，沙子簌簌地从指间滑落下去。

　　舒儿似乎明白了什么，也学着香香抓了一把沙子。

　　"放开吧，只有放开，你才能得到更多，接纳更多的朋友。"香香接着说。

　　"那你能做我的朋友吗？"舒儿问道。

　　听舒儿这么说，香香心里乐开了花："当然，我们早就是好朋友啦。"

　　从这以后，舒儿开朗了许多，脸上终于有了久

违的笑容。

爸爸悄悄问香香："你用了什么秘密武器呀？"

香香神秘地说："我只是给她讲了一个简单的故事。"

"看来我们的香香不简单啊！"

"那还得感谢老爸呢，这些年的旅行，让我明白了不少道理。"

父女俩相视一笑，轻轻地击了一下掌。

这次的旅行很快就结束了，在回去的路上，香香与舒儿有说有笑，仿佛一对亲姐妹。

分别的时候，舒儿突然指着路边的一朵白色小花对香香说："你看那小花多白呀，像月光一样。"

刷刷姐姐
有话说

走出情绪低落的良方

对于女生来说，青春期是一个非常容易情绪低落的时期。如果这一时期女生不能及时发现自身的异常表现，不注意对自己的心理进行调节的话，可能会加大负面影响。

有一个女生，一上学就觉得肚子疼，有时候还喘不上气来。她会突然觉得老师讲课的速度快了，一下子讲那么多内容，自己记不住，也跟不上。慢慢地，她的学习成绩下降了，她不想和以前的朋友在一起了，觉得自己低人一等，心情越来越糟。

青春期的情绪低落有其特殊表现，主要反映在人际关系和学习能力上，严重的还会出现一系列身体反应，比如

偏头痛、食欲缺乏、体重减轻等。此外，有些女生还会感到极端无聊、和家长对着干，以及故意学坏等。

情绪低落其实并不可怕，试试下面的方法，去找回好心情。

1. 遵守生活秩序。可以制订一些学习、休闲活动的计划，从有规律的生活中感受生活的乐趣。

2. 注意保持整洁。比如经常洗澡，保持清洁卫生；不穿邋遢的衣服；卧室也要随时打扫干净等。

3. 即使情绪低落，也决不放弃自己的学习。

4. 对人对事要宽宏大度。

5. 树立挑战意识，并相信自己能够成功。

6. 即使是小事，也要采取合乎情理的方式解决；即使心情烦闷，也要特别注意自己的言行。

7.不要将自己的生活与他人的生活进行比较。

8.将日常生活中美好的事物记录下来。

9.多与精力旺盛又对生活充满希望的人交往。

除了上面的方法，还可以多去户外感受大自然的魅力，如爬山、远足等。

女生小攻略

在大自然中寻找健康

"读万卷书，行万里路。"对女生来说，旅行是增长知识的好机会。

旅行是综合性的活动，它有很大的学问。简单地说，天文、地理、考古、建筑、园林、动植物学、风土人情、饮食文化等，这些在旅行中都能接触到，虽然我们没有必要对这些进行深入研究，但在旅行的过程中做个有心人，多了解一下，就会拥有宝贵的知识。

俗话说："见多识广。"旅行是个"流动的大课堂"，我们在旅行的过程中能看到各种稀奇古怪的东西，能听到许多奇闻趣事，也能尝到天南海北的名菜佳肴和风味小吃。在旅行的过程中，不但能饱眼福，也能饱口福。

旅行可以健身和增强体质。在旅行的过程中会经常行路和登山，不知不觉中给人提供了锻炼身体的机会，尤其是去一些有青山绿水的

地方，对人的健康非常有利。

旅行的好处有很多，背起背包上路，每一次都会有不一样的收获。但是，对女生来说，健康的旅行还需要做好身体方面的准备。

月经期旅行，容易出现月经紊乱甚至闭经的情况，如果发生这种情况千万不要忽视，应迅速咨询当地医生就医。

旅行时，即使居住条件有限，也一定要用清洁的卫生纸和坐便器，保证勤洗澡，及时换洗内衣。假如发生了感染，应少喝饮料，多喝白开水，并及时去医院就医。

对于晕车的女生来说，准备长途旅行前，尤其要注意饮食，不要喝碳酸饮料，也不要吃油腻食物，以免反胃，加剧晕车反应。

初到高原地区，不可疾速行走，更不要奔跑；也不可暴饮暴食，以免加重消化器官的负担；注意保暖，避免感冒。

到了一个陌生的地方，女生总是想品尝一下当地

的特色小吃，而一堆食物吃下去，肚子有时免不了发点小脾气，因此享受美食前一定要考虑自身的情况。

旅行的时候发生腹泻是很常见的，一定要及时就医，以免延误。

刷刷

中国作家协会会员，儿童文学作家，江苏省优秀校外辅导员，江苏省十大优秀科普作家之一。主要作品有《向日葵中队》《幸福列车》《八十一棵许愿树》《星光少年》等。作品入选"优秀儿童文学出版工程"、"向全国青少年推荐的百种优秀图书"、"中国好书"月度好书等，曾获江苏省精神文明建设"五个一工程"奖、桂冠童书奖等。有多部作品被改编为儿童广播剧、儿童音乐舞台剧、儿童电影、百集儿童校园短剧等。